Christian Hirschfeld

Anmerkungen über die Landhäuser und die Gartenkunst

1. Band

Christian Hirschfeld

Anmerkungen über die Landhäuser und die Gartenkunst
1. Band

ISBN/EAN: 9783743626898

Hergestellt in Europa, USA, Kanada, Australien, Japan

Cover: Foto ©Andreas Hilbeck / pixelio.de

Weitere Bücher finden Sie auf **www.hansebooks.com**

Anmerkungen
über die
Landhäuser
und die
Gartenkunst.

Von
C. C. L. Hirschfeld.

Leipzig,
bey Weidmanns Erben und Reich. 1773.

Vos sapere et solos aio bene viuere,
quorum
Conspicitur nitidis fundata pecunia
villis.
Hor. Epist. XV. lib. I.

Mit einem Freunde, der sich auf den
Reiz der Natur versteht, saß ich zuweilen auf einer Anhöhe bey seinem Landhause, wo uns ein schöner Sommerabend entzückte, schöner, als in der Nachbildung eines
Claude Lorrain oder eines Thomsons. Unter
unserm Gespräche bereitete das untergehende
Licht das letzte Schauspiel des Tages, das
die Landschaft verschönern sollte. Von einem

A 2   gegen

gegen uns über liegenden Gebürge, zwischen
dessen bebüschter Oeffnung es sank, streuete
sich ein milderer Glanz über die reifenden
Aehren bis an das Ufer eines tief unter uns
gleitenden Flusses herab, an welchem, sorg-
los wegen seiner umhergrasenden Heerde, der
Hirte sich mit der Angel belustigte. Hin und
wieder vom Schatten der Buchen gebrochen
wallete das Licht der Fluth unter die wie-
derscheinenden Fenster eines benachbarten
Landsitzes hin, der halb im blaulichten Dufte
ruhete, und über seinem Haupte einige ro-
senfarbigte Wölkchen schweben sah, indessen
die ganze Abendseite unsers Sommerhauses
leuchtete, und über die umherstehenden Bäume das Spiel eines sanften Schimmers ver-
breitete. Die Wonne dieses Anblicks ward
durch die mannichfaltigen Scenen des Abends
in einer bewohnten und reizenden Landschaft,
durch die Milde des Himmels, und durch die
Freundschaft erhöhet. Lange unterhielten wir

uns

uns dann über die Schönheit der Sommer-
häuser; oft wurden während der ländlichen
Muße unsre Erzählungen wiederholt, unsre
Bemerkungen berichtigt; und allmählig ward
der Stoff zu diesem Aufsatz, der Frucht einiger von mühsamern Beschäfftigungen befrey-
ten Tage, zubereitet.

Nicht so unerheblich, wie vielleicht die
Veranlassung, können Betrachtungen über
Landhäuser und Gärten seyn. Sie erheitern
die Phantasie, indem wir die mannichfaltigen Gegenden und Wohnungen durchirren,
die von edlern Geistern zum ruhigen und bequemen Genuß der Annehmlichkeiten der
Natur eingerichtet worden. Sie zeigen, welche Vortheile für die Gesundheit und für das
Vergnügen man von der Lage und Bebauung
der Oerter ziehen kann. Sie lehren den guten
oder schlechten Geschmack in der Gartenkunst,
und werfen nicht selten ein unerwartetes Licht
über den Charakter des Privatlebens einer

A 3

Nation,

Nation, so wie sie den Zustand eines Landes
von einer Seite sehen lassen, von welcher er
nicht wenig bemerkt zu werden verdient.
Fruchtbarer noch scheint eine solche Betrachtung zu werden, wenn sie sich über ein Land
ausbreitet, das von einem milden und heitern Klima, von vorzüglichen Schönheiten
der Natur, und von den feinern Künsten vor
andern begünstigt ist, und daher mehr Anlockung zum Aufenthalt auf dem Lande, und
mehr Mittel zu seiner Veredelung hat.

Und sind nicht Landhäuser und Gärten
Zeugen des öffentlichen Geschmacks, die niemals der Politik gleichgültig seyn sollten,
nicht sowohl weil von ihrer Beschaffenheit ein
Theil der Achtung oder des Tadels für eine
Nation abhängt, als vielmehr, weil auch diese
körperlichen Gegenstände eine sittliche Kraft
auf die Gemüther der Bürger haben? Wie
bezaubernd, und mit welcher Empfehlung des
Staats und seiner Bewohner fällt nicht eine
mit

mit schönen Landhäusern und Gärten berei=
cherte Provinz in die Augen! Ja, bey dem
täglichen Anschauen helfen sie die Empfin=
dungen und Begriffe des Reinlichen, Har=
monischen, Anständigen, Schönen und An=
genehmen, die für die Kultur des Geistes
und des Herzens so wichtig sind, verbreiten.
Die Gartenkunst ahmt nicht nur die Natur
nach, indem sie den Wohnplatz des Menschen
verschönert; sie erhöht auch sein Gefühl von
der Güte der Gottheit,. sie befördert die Fröh=
lichkeit und Anmuthigkeit seines Geistes, und
selbst das Wohlwollen gegen seine Nebenge=
schöpfe, so wie die Bewohner schöner Länder
davon mehr haben, als die, welche das
Schicksal in elenden Gegenden verkerkert
hält. Die öden Wüsten Laplands und Sibi=
riens ermüden und schrecken nicht nur den
Reisenden; sie vergraben auch den Geist und
die Empfindungskraft des Einwohners, indem
sie Unthätigkeit, Mißvergnügen, ein mürri=

sches

sches und niedergeschlagenes Wesen einflößen.
„Man hat in Schottland beobachtet, versi=
chert Home, *) daß so gar ein neu geebneter
Landweg einen gewissen Einfluß von dieser
Art auf das gemeine Volk in der Nachbar=
schaft des ebenen Weges gehabt. Sie beka=
men einen Geschmack für Regelmäßigkeit und
Reinlichkeit, den sie zuerst auf ihre Vorhöfe
und Gärten, und zunächst auch auf ihre Zim=
mer ausbreiteten. Der Geschmack für Re=
gelmäßigkeit und Reinlichkeit, der auf diese
Weise eine gewisse Stärke gewann, erstreckte
sich allmählig auch auf die Kleidung, und
endlich selbst auch auf das Betragen und auf
die Sitten. Ueber Gegenstände von so wich=
tigen Einwürkungen werden einige einzelne
Anmerkungen, wenn sie dabey richtig und
brauchbar sind, nicht verwerflich scheinen kön=
nen. Sie betreffen weder das Oeconomische
noch das Mechanische des Gartenbaues, son=
dern

*) Grundsätze der Kritik. 3. Th. S. 420.

dern blos gewiſſe Seiten des Schönen, ohne
noch einen Anſpruch auf das Verdienſt einer
vollſtändigen Theorie zu machen. Und wenn
noch mehr Rechtfertigung für die Wahl des
Gegenſtandes gefordert werden ſollte, ſo ſteht
auf der einen Seite der vernachläſſigte Geſchmack der Deutſchen in der Gartenkunſt,
und auf der andern das bisherige Stillſchwei-
gen unſrer Schriftſteller, die zu ſeiner Bildung etwas beytragen könnten, die wenigen
und faſt zu allgemeinen Regeln eines Sulzers *) ausgenommen, ſo vortrefflich ſie auch
ſind.

*) Allgemeine Theorie der ſchönen Künſte.

A 5   I. Um

I.

Um vorher einen Blick in die Geschichte der
Landhäuser zu werfen, die mit den Gärten,
wenn gleich beyde nicht ganz einerley Regeln
unterworfen sind, doch auf gewisse Weise ein
Ganzes ausmachen; so fangen wir nicht erst
bey den Lydiern und Milesern an, unter welchen sie nach dem Zeugniß einiger ältern
Schriftsteller schon im Gebrauch waren.
Noch viel weiter könnte man zurücksteigen,
und bald an der Hand der Geschichte, bald
mit Hülfe einer glücklichen Einbildungskraft,
wie Geßner, sich ein angenehmes Bild von
dem ländlichen Aufenthalt der ersten Menschen, und von dem Geschmack ihrer Wohnungen entwerfen, nachdem sie sich aus dem
Stande der ersten Rohigkeit allmählig erhoben hatten. Denn in den Zeiten der Wildheit konnte die sanftere Empfindlichkeit für
das Schöne, die von stärkern Leidenschaften
und

und Thätigkeiten übertäubt ward, noch nicht
laut genug durchdringen. Erst mußte die Be-
gierde zur Gewaltthätigkeit und zum Raube
überwältigt, die Liebe der Ruhe befestigt werden; und Plutarch bemerkt ausdrücklich bey
dem Leben des Numa, daß dieß bey den ältesten Römern durch nichts geschwinder be-
würkt worden, als durch die Kultur des Acker-
baues und die Gewöhnung zum Landleben.
Bey solchen Beschäfftigungen und bey den
Annehmlichkeiten des Friedens konnten die
feinern Gefühle, die zur Bemerkung und zum
wahren Genuß der Schönheit erfordert werden, den Anfang ihrer Entwickelung nehmen.
Einige Bequemlichkeit der Landhäuser folgte
ohne Zweifel bald nach der Befriedigung der
ersten Bedürfnisse, und mit jener blieb lange
eine kunstlose Einfalt vereinigt. Dieß war
auch der Charakter der Landhütten der ältesten Römer, ehe sie mit dem Ueberflusse und
den Künsten bekannter wurden, da sie in der

villa

villa ruſtica noch nicht daran dachten, was
eine urbana ſeyn würde. *) Auch konnte es
nicht anders ſeyn, da ſie nur für die Beſchäf-
tigung mit ihren Aeckern und Heerden auf
dem Lande wohnten, und faſt kein anderes
Vergnügen kannten, als was eine ſtrenge Ar-
beitſamkeit gewährt. Mit der allmähligen
Ausbildung ihres Geiſtes, mit dem Wachs-
thum des Reichthums und der Liebe zur Bau-
kunſt verfeinerte ſich erſt ihre Neigung zu Land-
häuſern und zu einer ſchönen Einrichtung
derſelben. Aber nicht lange darauf, und am
meiſten gegen das Ende der Republik, fielen
ſie, durch die eroberten Schätze und die Weich-
lichkeit fremder Sitten verleitet, auf eine
Pracht und Ueppigkeit, die, wenn auch die
Politik ſie nicht mißbilligte, doch ſchon ein
geſunder Geſchmack verwirft. Die Liebe zum
Landleben artete in eine Ausſchweifung aus.
Der ruhige und edle Genuß der Annehmlich-

keiten

*) Varro lib. I. cap. 13.

keiten der Natur ward von dem Luxus unterbrochen. Und die Menge und der Umfang
der Landpalläste raubten nicht selten einen
weiten nutzbaren Raum, der dem Pfluge ge-
hörte. *)

Sehr flüchtig müßte der die Schriften der
Römer gelesen haben, der nicht diesen ihren
Enthusiasmus für den Aufenthalt auf dem
Lande kennen sollte. Nicht nur die Bürger
im geringern Verstande, die besonders durch
die Vortheile der Kultur ihrer Ländereyen
an diese Lebensart gefesselt wurden, sondern
auch die vornehmen Familien suchten die Luft
des Landes, als etwas, das unentbehrlich
schien. Man hielt die Zeit der Ruhe und
des Vergnügens auf dem Lande für so wichtig, daß man nach ihrer Dauer die eigentliche Länge des Lebens abzumessen anfieng.
Der Consul M. Plautius rechnete die Jahre
seiner

*) Varro l. c. und lib. 3. cap. 2. Horat. od.
15. lib. 2.

seiner ansehnlichen Bedienungen im Staat, seiner Feldzüge, seiner Triumphe von seinem wahren Leben ab, das er, nach der Aufschrift auf seinem noch bis jetzt erhaltenen Grabmaal ohnweit Tivoli, nur auf neun Jahre gebracht hatte, die er nämlich auf seinem Landhause genossen; und mit andern edeln Bürgern dachte selbst der Kaiser Diokletian auf eine ähnliche Art. Die besten Schriftsteller, und vornehmlich die Dichter wetteiferten, die schöne Natur, die sie liebten, zu erheben, und die Phantasie ihrer Mitbürger durch treffende Züge, oft durch malerische Beschreibungen zu reizen. Das Gewühl der volkreichen Stadt Rom ermüdete, wie die Staatsangelegenheiten, die nicht blos den Senat, sondern auch die andern Bürger beschäftigten; und die Sehnsucht nach Ruhe und Freyheit, die schon dem Menschen so natürlich ist, mußte dadurch noch heftiger werden. Mit allem diesen vereinigten das Klima und die

natür=

natürliche Schönheit Italiens ihre mächtigen
Einflüsse. Wie vielen Reiz mußten nicht be-
sonders damals die Gegenden haben, nach
deren Aussichten selbst noch die größten neuern
Landschaftmaler, ein Poußin, Breenberg,
Schwanevelt und andere fleißig studierten!
Man wird sich nach diesen Bemerkungen weniger verwundern, daß die Gegenden um
Rom nach Frescati, Palestrina und Trivoli
hin, der Meerbusen von Puzzuoli, so wie der
neapolitanische, und viele andere Plätze mit
Landhäusern gleichsam besäet wurden; und
daß besonders die Seite von Baja, dessen
Schönheit die Dichter nicht genug rühmen
können, ein bezauberndes Lustrevier ward,
wo man nur allein mit Vortheil den Brun-
nen zu trinken und Bäder zu gebrauchen
glaubte. Ein schönes Gebäude ward nach
dem andern auf dem trocknen Boden, nicht
weniger mit großen Kosten aus dem Meere
aufgeführt, und das engere Land konnte die

　　Menge

Menge der Landhäuser eines Lucullus, Hor-
tensius, Marius, Cäsar, Piso und vieler andern kaum fassen. Vornehmlich hatten die
Römer für Tibur, jetzt Trivoli, die lebhafte-
ste Zuneigung. Horaz wünschte da sein Leben zu beschließen; Properz, Quintilian und
andere feine Geister wählten hier ihre Landsitze; und man hielt die Luft für so gesund,
daß Martial sich wunderte, wie Kuriaz daselbst sterben können. Alles dieses, und noch
mehr, ist mit den Zeugnissen der Alten so
bekannt, daß weiter nichts als ein Wink zur
Wiedererinnerung nöthig zu seyn scheint;
eine Wiedererinnerung, wie sie Thomson in
einem nur allgemeinen, aber lebhaften Gemälde giebt. *) „Siehe, wie die Villen
Fröhlichkeit über die Gefilde ausbreiten, und
sich in lebendiger Aussicht erheben, hier an
dem versteckten Falle von Bächen, die jetzt
verlohren, und von Strömen, die durch Ge-
sänge

*) In dem Gedicht über die Freyheit.

sänge berühmt sind; dort im umschlossenen
Thale Umbriens, oder auf der Höhe seiner
warmen Hügel, welche die süßduftige Luft
athmen; hier an der rebenvollen Küste von
Baja, wo ruhige Seen, von sanften West=
winden gefächelt, unaufhörlich das Ufer küssen,
und unbewölkte Sonnen durch die reinste
Luft scheinen; dort in der weiten Nachbar=
schaft von Rom; wie sie weit hinaufglänzen
bis an die sabinischen Hügel, bis an den brau=
senden Anio, und Tiburs Olivenschatten;
bis hin, wo Präneste seine Stirn in die Luft
hebt; und wie sie hinabwärts sich bis an das
sonnigte Ufer ausbreiten, bis dahin, wo Alba
Kühlung aus dem Meere schöpft."

So wohl aus den neuern Entdeckungen,
als auch aus den Beschreibungen der alten
Schriftsteller erhellet, daß die Römer die an=
genehmsten Lagen für ihre Landhäuser aus=
suchten. Nicht des prächtigen aber spätern
Landhauses des Diokletian in Dalmatien zu

geden=

gedenken, so waren die Lusthäuser der ver-
schütteten Städte, die nicht auf einer Höhe,
wie die zu Pompeji, lagen, am Meer erbauet
und in daffelbe hineingeführt, so wohl der
Gesundheit als auch des Vergnügens wegen,
das der Genuß der Kühlungen der See gewährt. Die Villa des Cicero bey Astura lag
im Meer; auch Lukullus baucte bey Baja
Wohnungen von seinem Landhause bis ins
Meer hinein. Selbst eine Menge von Beschreibungen redet für die schönen Gegenden,
die man für die Landsitze wählte. Horaz hat
davon verschiedene Bilder; aber die Gemälde des Plinius von seinem Laurentin und
Tusci *) verdunkeln fast alles, was das Alterthum von dieser Seite rühmt. Die immer abwechselnden Aussichten des ersten bald
nach dem Meere, bald nach Wäldern und
fernen Bergen, bald nach annmuthigen Landhäusern um den Strand her, bald nach Wiesen

und

*) lib. 2. epist. 17. lib. 5. epist. 6.

und Heerden hin, machten diesen Sitz zu
einem Elysien, und zum Glück ward er von
einem Geist bewohnt, der seine Annehmlich=
keiten zu fühlen fähig war. Die Zimmer
waren mit einer gleichen Aufmerksamkeit für
die Unterhaltung des Auges und des Geistes
angelegt. In einigen konnte man sich über
den Anblick und das Getöse des Meeres er=
gözen; in andern, die mehr nach der Mitte
der Gärten zu lagen, vernahm man dieses
Geräusch aus der Ferne, wie ein gelindes
Gemurmel; und in noch andern ward man
ganz einer tiefen Stille übergeben. Nicht
weniger reizend war das andere berühmte
Landhaus des Plinius, in der Nähe des apen=
ninischen Gebürges. „Man stelle sich, schreibt
er, ein Amphitheater von einer unermeßlichen
Ausdehnung vor, dergleichen nur allein die
Natur zu bilden vermag. Eine breite und
weit ausgestreckte Ebene wird von Bergen
umgürtet, deren Gipfel hohe und bejahrte

Wälder

Wälder trägt. Da kann man beständig eine
mannigfaltige Jagd anstellen; von da senken
sich mit dem Abhange des Berges eingehaue-
ne Hölzungen herab; zwischen ihnen liegen
fette erdreiche Hügel, (nicht leicht wird man
auf einen Stein stoßen, auch wenn man ihn
sucht) die auch den ebensten Feldern nichts
an Fruchtbarkeit nachgeben, und worauf eine
segenvolle Aerndte zwar spät, aber nichts desto weniger ihre ganze Reife gewinnt. Tiefer unter ihnen herab erscheinen auf allen
Seiten Weinberge. Die Wiesen schimmern
von den Farben der Blumen, und sind voll
von Klee und andern zarten Kräutern, die
von rieselnden Bächen gewässert immer ein
frisches Ansehen behalten. Mitten durch die
Landschaft ergießt sich die Tiber, die auf ihren Schiffen die Früchte des Landes Rom zu-
führt. Aber eine noch größere Wollust gewährt der Anblick dieser Gegend, wenn man
sie von einem Berge betrachtet. Alsdann

glaubt

glaubt man, nicht blos eine natürliche, sondern eine nach dem höchsten Ideal der Schönheit nachgebildete Landschaft vor sich zu sehen;
von einer solchen Mannigfaltigkeit, von einer
solchen Anordnung wird das Auge, wohin es
sich nur wendet, entzückt. Das Landhaus
hat auf dem Abhange eines Hügels eine Aussicht, als wenn es auf dem Gipfel läge. Die
Anhöhe erhebt sich so allmählig, und unver-
merkt, daß sie beym Hinaufgehen auf eine
angenehme Art überrascht, indem man, wenn
man noch nicht einmal zu steigen glaubt, sie
schon erstiegen hat. Hinter sich hat das Landhaus das apenninische Gebirge, wiewohl noch
in einer ziemlichen Entfernung. Von daher
kömmt an heitern und stillen Tagen eine
frische Luft, aber der Wind ist nicht scharf,
noch gar zu stark, weil er von der Entfernung des Orts, woher er weht, geschwächt
wird." — Noch weiter malt Plinius die Anmuth dieses Landsitzes aus.

B 4   Der

Der weiße Marmor, der zu den römischen
Villen besonders in den letzten Zeiten der
Republik gebraucht ward, mußte ihnen ein
sehr lebhaftes Ansehen geben, und in der
Ferne von einer schönen Würkung seyn.
Wenn die Häuser in der Stadt gewöhnlich
nur von zwey Stockwerken waren, so hatten
insgemein die Landhäuser nur eine Etage,
wiewohl sich bey den neuern Entdeckungen *)
Ausnahmen gefunden. Nach dem Bericht
des Valerius Maximus **) ward M. Aemi-
lius Porcina indessen zu einer Geldstrafe ver-
urtheilt, weil er ein Landhaus in der Nachbarschaft von Rom zu hoch gebauet hatte.

Die

*) Winkelmanns Anm. über die Baukunst der Al-
ten S. 34. Einige neuerlich entdeckte Villen
beschreibt er im Sendschreiben von den Herkul.
Entdeckungen S. 27 = 29. imgleichen in den Nachrichten von den Herkul. Entdeckungen S. 24. 25.
Andere Ruinen von römischen Villen werden in
den Volkmannschen Nachrichten von Italien an
ihrem Ort häufig angezeigt.

**) lib. 8. cap. I.

Die innern Verzierungen mit Marmor, mo=
saischer Arbeit, Vergoldungen, Gemälden
und Statüen, (die aber doch zum Theil Bild=
nisse berühmter Vorfahren und andrer großer
Männer vorstellten, deren Andenken dem Va=
terlande heilig war, und Nacheiferer erwecken
konnte,) wurden zuletzt so häufig, daß sie
nicht mehr Gegenstände des Geschmacks und
der Anmuth, sondern einer gesuchten Ueppig=
keit waren.

Wenn Baja und andere Gegenden den
ankommenden Gast nur zur Wollust hinrissen,
so theilte hingegen der weisere Römer an an=
dern Orten seine Zeit auf dem Lande zwischen
der Sorge für den Feldbau, der Philosophie,
und dem mäßigen Becher. Das Landhaus
war ihm am liebsten, das er, wie Cicero, sei=
ne Academie nennen konnte. Er las, schrieb,
unterredete sich, betrachtete fleißig die schöne
Natur, und unterrichtete die vornehme Ju=
gend, die ihn oft nach seinem Landsitze zu be=

gleiten

gleiten pflegte. Bald beschäfftigte ihn seine
Bibliothek, die selten dem Landhause fehlte,
(und nie irgend einem in unsern Zeiten feh=
len sollte); bald die Sorge für das Vater=
land, die ihn oft von der stillen Flur in die
Unruhen des Senats zurück rief. Müde von
der ernsthaften Philosophie und von der Geo=
metrie schöpfte er bey der Poesie und Musik
neue Erfrischungen, und zuweilen ergötzte ihn
das Fischen, oder die Jagd und das Bad,
die ihre Einflüsse, die sie zunächst auf den
Körper haben, auch über den Geist ausbrei=
teten. Oft erheiterte ihn der Besuch eines
benachbarten Freundes, und der Abend=
schmauß in einer fröhlichen Gesellschaft; und
selbst Kato war nach dem Bericht des Plu=
tarch für diese Art des Vergnügens noch em=
pfindlich genug. Man lobte an der Tafel
vortreffliche Männer, vergaß unter ihrem Lo=
be alles, was die Welt verdrüßliches hat,
und glaubte des Landlebens nicht würdiger zu
seyn,

seyn, als sich mit so erheblichen Gedanken
und Gesprächen, wie einst M. Varro, zu be=
schäfftigen. *) Die Lebensart des Plinius
auf seinem Landhause, die er uns genau ge=
nug beschrieben, **) enthält das Muster eines
weisen und glücklichen Landlebens, das da=
mals so mancher edle Römer genoß.

Aber dahin ist alle diese Herrlichkeit der
Villen, die das römische Italien zierten.
Die Zeit, das Erdbeben, das Meer, und die
Verwüstungen der Barbaren haben davon
nichts als einige Ruinen gelassen, und von
der großen Menge der Landhäuser ist nicht ein
einziges ganz verschont geblieben. Oede,
menschenleer und von einer bösen Luft ange=
steckt trauren jetzt die Gegenden, wo ehemals
so viele prächtige Villen die angenehmsten
und fruchtbarsten Landschaften beschatteten;
und mit einer Empfindung vermischt von Ehr=

furcht,

*) Cicero Orat. Phil. II.
**) lib. I. epift. 9. lib. 9. epift. 36,

furcht, die das Alterthum einflößt, und von
Wehmuth, die der Anblick der Zerstörung.
schöner Werke erregt, betrachtet der Reisende
die Ueberbleibsel, die hie und da dem Auge
begegnen, und zum Theil von den Händen
der Unwissenheit verworfen, verbauet und
dadurch noch unkenntlicher gemacht sind.
Ein Verlust, den alle übrig gebliebene Be=
schreibungen, so verständlich sie ehemals mö=
gen gewesen seyn, und selbst so manche nur
wahrscheinliche Abbildungen nicht ganz er=
setzen können. *)

Die

*) Einige der besten hieher gehörigen neuern Schrif=
ten sind 1) Georg. Greenii de rusticatione
Rom. et de villarum antiq. Structura apud
eosdem comment. Lips. 1667. Diese Abhandl.
ist in dem 1sten Th. des novi thesauri antiq.
Rom. cong. ab A. H. de Sallengre, Hagae-
Com. 1716. wieder abgedruckt. 2) The villas
of the Ancients illustrated by Robert Car-
tell. London. 1728. gr. Fol. Es enthält zu=
gleich einige schöne, wiewohl nicht ganz richtige,
Abbil=

Die Zeiten, die nach dem Ende der römischen Republik folgten, die Gewaltthätigkei-
ten verschiedener Kaiser, die Einfälle barbarischer Völker, und die mit unzähligen Unruhen

Abbildungen der plinischen Landhäuser. 3) Scamozzi Werk: l' Idea dell' Architettura uni-
versale, im 12ten Cap. des 3ten B. 4) Les
plans et les descriptions de deux maisons
de campagne de Pline, Paris 1699. Dieses
Werk des Felibien ist auch im 5ten Tom. der
Entretiens sur les vies &c. des peintres et
archit. à Trevoux 1725. befindlich. 5) Krub-
sacius wahrscheinlicher Entwurf von des jüngern
Plinius Landhause und Garten. Leipzig. 1760.
Alle drey letztern Schriftsteller haben Risse von
dem plinischen Landhause geliefert, mit dem Unterschiede, daß Scamozzi seinen italienischen und
Felibien seinen französischen Geschmack hineinge-
tragen, H. K. aber, der sich genau an die Beschreibung gehalten, seinen Entwurf weit besser
und am wahrscheinlichsten gemacht hat. 6) De-
lices des maisons de campagne appellées
le Laurentin et la maison de Toscane. 8.
Amsterdam 1736. Man findet darinn die sca-
mozzische Beschreibung, Risse, und einige andere
aus dem Plinius übersetzte Nachrichten.

ruhen wieder einreißende Wildheit, unter=
drückten den Geschmack an dem Landleben,
je mehr jetzt die schöne Natur und die vor=
mals so angenehmen Landsitze verheeret wur=
den. So viele Verwüstungen, die schnell hin=
ter einander in Italien einstürmten, mußten
auch diesen reizenden Scenen, wie vielen an=
dern, bald einen völligen Untergang zuziehen.
Der Barbar siegte über den Menschen, wie
über die Künste. Die Waffen wurden wie=
der die vornehmste Beschäfftigung; und die
Vermischung der abergläubischen Gesinnung
mit der kriegerischen mußte bald einen Geist
ausbreiten, der von den reinen und edlen
Freuden der Natur abführte. Die Vermen=
gung so vieler verschiedenen Völkerschaften
half nicht weniger einen verdorbenen Ge=
schmack erzeugen. Das unbeschützte Eigen=
thum ward geraubt und verändert; und wenn
der Feldbau noch einige Kultur empfieng, so
war es blos Nothdurft, die dazu trieb. Man
fieng

fieng an, die Gegenden für die schönsten zu
halten, wo ein Kloster neben dem andern
wohlgemästete Müßiggänger nährte. Die
Baukunst schien sich ein Verdienst der Hei-
ligkeit daraus zu machen, bles Kapellen und
Kirchen zu errichten. Und wenn sie sich mit
andern Gebäuden befaßte, so waren es gothische Klumpen von Schlössern, mehr zur
Vertheidigung, als zur Anmuth, mehr schreck-
lich als schön, auf steilen Felsen in wilden
Gegenden aufgethürmt.

Mit der allmähligen Wiederherstellung
des Friedens, der Vernunft und der Künste
kehrte der Mensch zu sich selbst zurück, und
näherte sich wieder den sanften Umarmungen
der mütterlichen Natur. Er empfand sein
Unrecht, daß er sie verlassen hatte; und die
wieder aufstehenden Künste erweichten dieses
Gefühl noch mehr. Empfindlich erwachend
für den Reiz des Schönen suchte er wieder
die Natur in ihrer Heimath; und ihre Freun-
dinn,

dinn, die Kunst, gesellte sich ihm zu, den
Weg zu ihr anmuthiger zu machen. Das
Land ward wieder mit froher Empfindung
bewohnt, und heitrer gieng die Sonne über
die Landschaft auf, wo der Mensch sich von
neuem glücklich fühlte.

Die schöne Baukunst, die mit der Zurück=
kehr der übrigen Künste in Italien aus den
alten Ruinen gleichsam von neuem gebohren
ward, breitete sich auch wieder über die Land=
häuser aus. Es erhoben sich um Vicenza,
durch den Geist des Palladio, um Rom, um
Florenz, um Turin, und hier vornehmlich in
der Vigne de la Reine Landhäuser, die sich
durch die schöne Architectur empfahlen, und
an die römischen Villen wenigstens eine an=
genehme Erinnerung erweckten. Die Könige
von Frankreich, besonders Ludewig der XIV.
unternahmen es, kostbare Lustschlösser auf=
führen zu lassen, die lange gepriesen und be=
wundert worden; aber die vielen gegründeten
Vor=

Vorwürfe, die ihnen Laugier *) macht, be=
weisen, daß sie nicht ganz das Lob verdienen,
das ihnen die flüchtige Eitelkeit des Franzo=
sen, und die gar zu gefällige Beystimmung
des Ausländers beygelegt. Durch die Be=
kanntschaft, die der Britte auf seinen Reisen
mit den Ueberbleibseln der griechischen Bau=
kunst machte, erwarb er sich den ächten Ge=
schmack, worinn er jetzt seine Landhäuser auf=
führt. Und wenn die Landhäuser der Schwei=
zer, die so sehr die Ruhe und Annehmlichkeit
des Aufenthalts auf dem Lande lieben, Auf=
merksamkeit verdienen, so ist es mehr der ge=
sunden und herrlichen Lage, als der Archi=
tectur wegen.

*) Essai sur l'Architecture, à Paris 1753. p. 159.
Neue Anmerkungen über die Baukunst, ꝛc. Leip=
zig. 1768. S. 127. 128. 136 = 138.

C   II. Wor=

II.

Worauf man zuerſt bey der Anlage eines
Landhauſes zu ſehen hat, iſt doch wohl dieſes,
daß man eine geſunde Gegend wähle, die
von einem heitern Himmel umfloſſen wird,
weder umherſtehende Sümpfe und Moräſte
hat, noch zu ſehr in Tiefen und Gebüſchen
verſteckt iſt, als daß ſie von reinigenden Winden erreicht werden könnte. Auch nicht in
einer zu großen Nähe des Meeres oder eines
ſtarken Fluſſes, noch einer volkreichen Stadt,
deren Ausdünſtungen und Rauch eine ganze
ſonſt gute Gegend verderben können. Wenn
dieſe Regel nicht ſchon dem gemeinen Ver-
ſtande durch eine unmittelbare Empfindung
beygebracht wäre, und wenn dabey nicht ſo
viele alte und neuere Schriftſteller *) ſie wiederholt

*) Z. B. Columella lib. I. c. 4. u. 5. Varro
lib. I. c. 12. Pallad. lib. I. T. 16. Plin. Nat.
Hiſt.

derholt hätten, so könnte man sich vielleicht
weniger darüber verwundern, daß so oft wi=
der sie gefehlt wird. Ein falscher Geschmack
und eine bejahrte Gewohnheit aus den gothi=
schen Zeiten machen oft mit allem Fleiß einen
an sich guten Ort ungesund. Bald zieht man
rings um das Gebäude so dichte und hohe
Alleen, daß nicht allein ein wesentliches Stück,
die Aussicht, verlohren geht, sondern auch
keine erfrischende Kühlung mehr durchdrin=
gen kann, und die Luft ohne Bewegung bleibt.
Bald wird um die Landhäuser ein tiefer Gra=
ben von stehendem faulenden Wasser geleitet,
dessen Ausdünstungen desto schädlicher sind,
je leichter sie in die nahen Gemächer eindrin=
gen; dahingegen, wenn das Gewässer fließend
wäre, so wohl der Nachtheil für die Gesund=

C 2　　　heit

Hist. lib. 18. c. 6. Vitruv. lib. I. c. 4. Essai
sur l'Architecture. p. 158. Laugier neue An=
merkungen über die Baukunst. S. 126. Sulzers
allgemeine Theorie der schönen Künste. 1ster Th.
S. 135.

heit verschwinden, als auch das Auge und die
Einbildungskraft mehr Erfrischuug erhalten
würden. Unbegreiflich ist es, wie manche
Schriftsteller eine solche verkehrte Anlage so
gar als nothwendig empfehlen können. „Alle
Landhäuser und Lustgärten müssen, um angenehm zu seyn, mit Gräben, Mauern, Pali-
saden und dergleichen umgeben seyn.“ So
fängt ein holländischer Schriftsteller *) unter
einem blendenden Titel seine Theorie an,
und bewundert die ältern Landhäuser seiner
Landsleute so treuherzig, daß sein Geschmack
mehr Mitleiden, als Spott verdient.

Nach der Bequemlichkeit der Lage, die
bey der Verschiedenheit der Absichten bald
einen größern, bald einen eingeschränktern
Umfang hat, und zugleich eine nicht gar zu
weite Entfernung von einer Stadt in sich
schließt,

*) Les agremens de la campagne ou remar-
ques sur la construction des maisons de campagne. avec fig. Leide 1750. 4.

schließt, ist hiernächst die Annehmlichkeit zu
suchen. Diese wird von der Natur angebo-
ten, und von der Kunst erhöhet; von beiden
kann sie eine unendliche Mannigfaltigkeit erhalten. Die verschiedenen Lagen und Mi-
schungen der Berge, Ebenen, Thäler, Wiesen, Wälder, Gebüsche, Seen und Flüsse
vervielfältigen schon bis zum Erstaunen die
Annehmlichkeit; und der Kunst ist es ver-
gönnt, bald durchs Hineinschaffen, bald durchs
Wegnehmen oder Versetzen die Menge der
natürlichen Abwechselungen zu vermehren.
Der Trieb zum Vergnügen lockt uns, die
angenehmsten Plätze aufzusuchen, und die
Vernunft billigt ihn, wenn er nicht wichti-
gern Bestimmungen widerspricht. Ich werde
daher keine finstern, melancholischen Einsie-
deleyen suchen, keine ebenen von Wald und
Gebüsch entblößten Felder, wo die Kunst mir
nicht leicht den Mangel des Schattens und
des fließenden Wassers ersetzen kann; sondern

offene

offene Schauplätze der Natur, Gegenden,
aus welchen mir die Heiterkeit der Schöpfung
hell und unaufgehalten entgegen lacht, wo
keine Einförmigkeit, keine Einschränkung,
wie in dem Kerker der Städte, wo Freyheit,
Vielheit, Größe und Mannigfaltigkeit der
Aussichten das Auge beschäfftigen und den
Geist erheben. Eine mittelmäßige Höhe ist
die angenehmste, so wie sie die gesündeste und
bequemste ist, und selbst das Gebäude am
vortheilhaftesten zeigt. *) Aus einem Land=
hause auf dem Gipfel eines Hügels oder an
dem Abhange eines Berges kann ich freyer
und vergnügter athmen, und, wenn ich die
Weite der Landschaft überschaue, mehr ent=
zückende Bilder einsammlen, erhabnere Em=
pfindungen schöpfen, und mich leichter über
die kleinen Sorgen und Beschäfftigungen der
Erde hinausheben. Dann habe ich auf ein=

mal

*) Columella lib. I. c. 2. et 4. Varro, Sul=
zer, Laugier, l. c.

mal einen ganzen reichen Genuß der herrli=
chen Aussichten, die ein Haller, Kleist und
Uz nur nach und nach der ungeduldigen Phan=
tasie vormalen. Aber dabey werden noch im=
mer zur fortdauernden Unterhaltung mehr Ge=
genstände da seyn, die sich in der Ferne ver=
lieren, als solche, die nahe liegen; Prospe=
cte, die Fortschreitung und Vervielfältigung,
nicht aber eine plötzliche und deutliche Aus=
wickelung haben. Die Kunst bietet ihren
Beystand an, um die Aussichten zu erweitern
und zu verschönern, den Flüssen und Bächen
einen Lauf, den Bäumen und Gebüschen eine
Stelle, dem Schatten und Licht eine Ver=
theilung zu geben, die mehr den Reiz des
Ganzen erhöhen, und gleichsam rings umher
eine neue Schöpfung hervorzurufen.

Nicht alle die besondern Regeln, die ei=
nige ältere und neue Schriftsteller über die
Stellung des Vordertheils und des Hinter=
theils gegeben, lassen sich überall anwenden.

Alles

Alles was man darüber anrathen kann, ist,
daß man jedesmal sowohl auf das Klima des
Landes als auch auf die besondere Lage der
Gegend merke, und das beobachte, was diese
erfordern. So wird z. B. die Seite des
Landhauses, auf welche heftige Winde am
meisten zu stürmen pflegen, nicht ganz frey
liegen dürfen; es schütze sie ein angränzender
Wald, oder eine Anhöhe.

Wahl, Ordnung, Reinlichkeit, Schönheit
und Annehmlichkeit müssen nahe um das
Wohnhaus am meisten ausgebreitet seyn,
und eine Scene darstellen, wo die Kunst,
ohne den Schein des Gezwungenen, ohne
nichtsbedeutende Spielwerke, die Natur zu
einem vorzüglichen Grad der Vollkommenheit
erhoben hat.

Der zunächst vor dem Landhause liegende
Platz darf also eben so wenig durch Hecken und
Alleen, als durch Gebäude versperrt werden,
so sehr es auch gewöhnlich ist, sich durch solche

Vor=

Vorlagen, besonders durch hohe und dickbe=
laubte Bäume, einzukerkern. Diese, die
nicht allein die Luft dumpfigt machen, son=
dern auch das Ungeziefer, das sie nähren, in
die Zimmer bringen, rauben zugleich einen
der ersten Vorzüge, die Landhäuser haben
sollen, die Freyheit der Aussicht. Die be=
sonders in Deutschland eingeführten Umzäu=
nungen der Landhäuser können, aus diesem
Gesichtspunct bemerkt, nicht anders als ver=
werflich erscheinen.

Die Absicht, einen vollkommenen und un=
gestörten Genuß des Annehmlichen zu haben,
befiehlt, ganz nahe und vor dem Landhause
nur solche Gegenstände hinzustellen, die einen
erfreulichen Anblick geben, und alle diejeni=
gen zu entfernen, die dagegen streiten, oder
gar einen ekelhaften Eindruck zu erregen fä=
hig sind. Nach diesem Grundsatz wird der
Erbauer eines schönen Landhauses es nicht
mit einer Menge von Gebäuden, die zunächst

C 5 der

der Landwirthschaft gewiedmet sind, als
Scheunen, Viehställen u. dergl. unmittelbar
umzingeln, und sich dadurch des freyen Ge=
nusses der Aussicht und einer reinen Luft be=
rauben. So sehr das Gegentheil auch von
einer fast allgemeinen Gewohnheit in verschie=
denen deutschen Provinzen eingeführt ist, so
sehr ist es doch wider die Bedürfnisse unsrer
Vorstellungskraft und wider den guten Ge=
schmack. Nicht um etwas, das ohnehin nicht
geschehen würde, die Umsetzung der land=
wirthschaftlichen Gebäude, die einmal da ste=
hen, fordern zu wollen, noch viel weniger aus
einer unbilligen Verachtung gegen öconomi=
sche Einrichtungen, sondern blos um dem
künftigen Erbauer eines Landsitzes einen nütz=
lichen Wink zu geben, wird diese Bemerkung
eingestreut. Es ist doch bekannt, wie viele
adeliche Landsitze die sonderbare Anlage ha=
ben, daß aus den gerade vor oder allernächst
neben dem Wohnhause liegenden Gebäuden

man=

mancherley Unbequemlichkeit, Unreinigkeit,
und ekelhafte Empfindungen entspringen,
und daß es oft erträglicher seyn würde, in
einer engen schmutzigen Gasse der Stadt, als
an einem solchen Orte zu wohnen. Nicht
einmal zu gedenken, wie viel durch eine solche Verzäunung und widrige Nachbarschaft
selbst dem Ansehen des schönsten Landhauses
entgehen muß. Und wie wenig Mühe wird
ein verständiger Baumeister anwenden dürfen,
um einen für die landwirthschaftlichen Gebäude geschickten Platz in einer bequemen
Entfernung von dem Wohnsitze auszusuchen?

Wie der Zugang zum Landhause am besten anzulegen ist, darüber giebt Home *)
eine

*) Grundsätze der Kritik. 3. Th. S. 371. Man
sehe die Beschreibung eines schönen Zuganges zu
dem Landgute des Lords Cadogan bey Reading
in den Betrachtungen über das heutige Gartenwesen ꝛc. aus dem Englischen. Leipzig. 1771.
S. 170 = 176.

eine schöne Regel, die hier wiederholt zu
werden verdient. „Der Zugang zum Wohnhause muß nicht in einer geraden Linie gezogen werden; weit besser ist ein schiefer Weg
in einer schwankenden Linie, mit einzelnen
Bäumen, und andern zerstreuten Gegenständen darzwischen. In einem geraden Zugange
hat man immer einerley Gegenstand vor sich,
bis man zum Ende kömmt; man sieht ein
Haus in der Entfernung vor sich, und man
sieht es den ganzen Weg fort immer auf derselben Stelle, ohne die geringste Veränderung. In einem hin und her gehen-
den Zugange setzen die dazwischen stehenden
Gegenstände das Haus dem Scheine nach in
Bewegung; es bewegt sich mit dem Gehen-
den, und scheint seinen Weg so zu richten,
daß es ihn, so zu sagen, gastfreundschaftlich
auffängt. Ein krummer Zugang vermehrt
auch die Mannigfaltigkeit; indem das Haus
immer in verschiedenen Richtungen gesehen
wird,

wird, so scheint es bey jedem Schritt eine
neue Figur anzunehmen."

Nichts ist unschicklicher und fällt schlechter
in die Augen, als wenn die benachbarte Gegend des Landhauses öde und verwildert ist,
und überall Spuren der vernachläßigten Kultur zeigt, wenn die Wege unverbessert und
schmutzig da liegen, und außer der Gefahr
und der Unbequemlichkeit noch verdrießliche
und ekelhafte Bewegungen erwecken. Es
giebt so manche schöne Landhäuser, die das
Vergnügen, das sie gewähren, nicht wenig
durch die Beschwerlichkeit des Weges stören,
auf welchem man sich zu ihnen durcharbeiten
muß. Diese Sache ist doch wohl wegen ihres
mannigfaltigen öffentlichen Einflusses keine
Kleinigkeit; und wenn alle Besitzer der Land-
güter ihre Aufmerksamkeit auf diesen Punct,
der zum Theil ihre eigene Ehre betrifft, richten wollten, so könnten bald viele Gegenden
die Verbesserung würklich erhalten, die bisher
bloß

blos gewünscht worden. Will man auch nicht
auf die Verschönerung sehen, die dadurch einem Lande zuwächst, so sollte doch der ausgebreitete Nutzen eine Anstalt von dieser Art
befördern:

Ein Weg in der Nachbarschaft eines Rit-
tersitzes sollte sich doch wohl von der gemeinen Landstraße unterscheiden, und durch mehr
Bequemlichkeit, Regelmäßigkeit und Anmuth
einen vorläufigen anständigen Begriff von dem
Character des nahen Wohnhauses, und seines
Besitzers erwecken. Er kann, um mehr verschönert zu werden, nach der Beschaffenheit
der umher liegenden Gegenstände und zur Ge-
winnung angenehmer Prospecte bald hie,
bald da, eine Krümmung machen; und die
Veränderung der Auftritte vergütet den län-
gern Umweg.

Die Bauart des Landhauses muß seiner
Bestimmung wegen in einem angenehmen und
reizenden Geschmack seyn. Das Prächtige
und

und Majestätische schickt sich nicht dazu, ob
gleich königliche Lustschlösser durch den erhabe=
nen Character des Bewohners eine Ausnah=
me fordern können. Gewöhnlicher Weise
sind die Landhäuser Wohnungen für Personen
von mittlerm Stande oder von einem solchen,
der zwischen dem mittlern und dem ganz ho=
hen liegt; und der Zweck des Aufenthalts
in diesen Wohnungen ist der ruhige und freye
Genuß der Vortheile des Landlebens und der
Annehmlichkeiten der Natur. Die Schön=
heit dieser Gebäude muß sich also auf beschei=
dene Simplicität und Anmuth einschränken.
Diese letzte Eigenschaft wird für die Land=
häuser noch aus einem andern Grunde nöthig:
Weil die Gegend um sie her angenehm ist,
so erfordert der Begriff der Schicklichkeit und
das Vergnügen der Uebereinstimmung, daß
ein solches Gebäude, in der Verbindung mit
so nahen Gegenständen, sich nicht zu merklich
von ihrem Hauptcharacter entferne. Eine
elende

elende Hütte in einer öden Wüste befreundet
nicht; aber ein zerfallenes oder schlecht ge=
bauetes Landhaus in einer heitern reizenden
Landschaft widerlegt oder stört gar die Bewe=
gung, die diese erweckt.

Da die Gebäude gemeiniglich den ersten
Eindruck machen, der sich über das Ganze
der Gegend ausbreitet, so sollte man darauf
bedacht seyn, daß dieser Eindruck weder wi=
dersprechend noch zu matt sey. Nur durch
die Uebereinstimmung des Characters des
Landhauses mit dem Character der Gegend
kann eine gleichartige angenehme Empfindung
erhalten werden. Die neuern englischen
Landhäuser, die größtentheils in dem wahren
Geschmack der griechischen Baukunst, so wie
die Tempel in den Parks angelegt sind, ver=
dienen von dieser Seite Beyfall und Nach=
ahmung. Und in Ansehung der mannigfal=
tigen Aussichten sowohl nach dem Garten zu,
als auch in die benachbarte Gegend hinaus,

scheint

scheint St. Germain unter den größern fran=
zösischen Lustschlössern ein Muster zu seyn.
Vornehmlich geben demselben die allmählig
in einer schönen architectonischen Ordnung
sich bis an das Hauptgebäude erhebende Trep=
penwerke nicht allein ein großes Ansehen,
sondern sie vervielfältigen auch die Aussicht
mit jeder erreichten Anhöhe. *)

Die äußern und innern Verzierungen kön=
nen bey Landhäusern eben so wenig willkühr=
lich seyn, als in Pallästen, Kirchen und an=
dern Arten von Gebäuden; und daß sie so
wohl dem Character des Bewohners, als auch
besonders der Bestimmung eines Landhauses
gemäß

---

*) Da Gegenstände dieser Art deutlicher durch Zeich=
nungen und Kupferstiche, als durch Beschreibun=
gen werden, so wird man die Architectur der
englischen Landhäuser unter andern aus den neuern
Blättern des Canot kennen lernen können. Von
den französischen Lustschlössern sind mir nur die
Abbildungen des Perelle zu Gesichte gekommen.

D

gemäß seyn müssen, ist eine Regel, die wohl
keinem Zweifel unterworfen seyn kann. Alle
architectonische Verzierungen müssen überhaupt mit den Gesetzen der schönen Baukunst
übereinkommen, auch außerdem sich nach dem
eigenthümlichen Character der Landhäuser
selbst richten, die Anmuth und Freyheit des
Hauptwerks an sich haben. Statüen mögen,
wenn gleich Laugier dagegen eifert, auf dem
Dache fürstlicher Palläste in der Residenz,
des Eindrucks wegen, den sie von Würde und
Größe geben, geduldet werden; aber auf dem
ländlichen Lustschlosse scheinen sie schon mehr
unnütze Verzierungen zu seyn, weil hier die
Hoheit einen großen Theil ihres beschwerli-
chen Gepränges ablegt, und sich mehr der
glücklichen Mittelmäßigkeit des Lebens nähert.
Blumentöpfe, Vasen und andere ähnliche
Arten von Zierrathen auf dem Dache der
Landhäuser fallen so offenbar in das Unschickliche, daß man darüber kein Wort mehr verlieren

lieren darf, und zum Glück ist dieser sonder=
bare Geschmack schon an vielen Oertern aus
seinem alten Besitz vertrieben. Ohne Zwei=
fel haben die Engelländer erst von den Ita=
lienern die Mode angenommen, ihre Land=
häuser mit Statüen, Büsten, Basreliefs und
andern Werken der Bildhauerkunst, besonders
aus dem Alterthum, auszuzieren. Manche
Villen in Italien sehen eher einer Kunstaka=
demie, als einem Landhause ähnlich. In=
dessen kann hier der Ueberfluß von Antiken
noch eher entschuldigt werden, da sie übrig
gebliebene Zeugen von den schönsten Jahr=
hunderten eben dieses Landes sind, ehrwür=
dige Heiligthümer, die an den Geist der gro=
ßen Männer erinnern, die vormals unter eben
diesem Himmel wohnten, deren Asche unter
eben diesem Boden ruhet. Auch möchten hier
die mancherley Kunstwerke des Alterthums
nicht gerade aus dem Gesichtspuncte der Ver=
zierung, die sich für ein Landhaus schickt, beur=

theilt

theilt werden dürfen; die Villen sind gleich=
sam Magazine, wohin alles bequem gebracht
werden kann, was nach und nach an Antiken
entdeckt wird. Wenn aber der Britte mehr
darauf sieht, um nur seine Landhäuser von
alten, wahren oder nachgemachten, Kunst=
werken, die er mit vielen Kosten herbeyholt,
recht voll zu füllen, als ob sich alle diese Zier=
rathen, zumal in einer so großen Menge, für
den Character eines Landhauses schicken; so
ist dieß doch wohl so etwas, das man über=
trieben nennt. Keine ungerechte Gleichgül=
tigkeit gegen die schätzbaren Ueberbleibsel der
alten Kunst, nur Widersetzung gegen den
Mißbrauch oder vielmehr gegen die unschick=
liche Anwendung, die man von ihnen zu ma=
chen pflegt, soll diese Bemerkung seyn. Gute
Gemälde verdienten schon an sich als eine
vorzügliche innere Verzierung in den Land=
häusern empfohlen zu werden, wenn man auch
nicht dazu einen höhern Grund in ihrer Kraft
                                        sähe,

sähe, ihre moralischen Einwürkungen auf das
menschliche Gemüth auch hier auszubreiten.
Ein sonderbarer Einfall würde es seyn, alle
Bildnisse, historische, gesellschaftliche, allego-
rische Stücke aus den Landhäusern in dem
Vorurtheil zu verbannen, als wenn hier nur
allein Landschaftgemälde einer Aufnahme wür-
dig wären. Aber wie deu Kirchen Vorstel-
lungen der Andacht, und den Pallästen der
Könige Abbildungen großer Thaten des Muths
und der Menschenliebe besonders eigenthümlich zukommen, so können auch Landschaft-
stücke in den Villen den ersten Platz verlangen. Die reiche und mannigfaltige Natur,
auch wenn wir sie täglich vor Augen haben,
sättigt nicht so sehr, daß sie uns nicht in einer glücklichen Nachahmung wieder gefallen
sollte; und die schöpferische Kunst des Landschaftmalers weis der Phantasie tausend neue
Bilder vorzuzaubern, die sie gerne auffängt,
weil sie sich gerne aus ihnen ein frohes Schau-

spiel

spiel erneuert. In Zimmern, mit schönen
Landschaftgemälden bereichert, athmet alles
um uns her die liebliche Luft des Landes.
Kein Widerspruch der äußern Eindrücke, keine
Befürchtung des Ekels, wenn wir aus dem
Freyen hereintreten; sondern eine Harmonie
des Ganzen, die sich dabey durch die Abwech-
selung bey ihrem Vorrecht, uns immer zu ver-
gnügen, erhält. Wir erfreuen uns wieder
des anbrechenden Morgens mit Lukas von
Uden, der Abendsonne mit Both oder Gillee.
Mit Poelemburgs Nymphen durchirren wir
Hügel und Wälder, oder schleichen der Dia-
na unter die kühlenden Schatten zum Bade
nach. Bald wohnen wir beym Tenier einem
fröhlichen Dorffeste bey, oder wir sehen den
Aerndten, Weinlesen, Wasserfahrten und
Jagden des Paul Bril zu. Bald führt uns
Sachtleben auf Berge, die mit den schönsten
Thälern abwechseln. Bald ergötzen uns die
im Gebürge weidende Heerden des Berchem.

Dann

Dann reißt uns Ruisdael von den lieblichen
Scenen der Natur weg zum Anblick schäu-
mender Wasserfälle hin, aber Wilhelm van
der Velde beruhigt uns wieder durch das stille
Wasser, worinn sich das sanfte Blau der Wolken und das begrasete Ufer spiegeln. Die Un-
schuld, die Zufriedenheit, die frohen Spiele
der theokritischen Welt erscheinen uns in diesen Gemälden wieder, und vereinigt mit den
Reizen der Natur laden sie uns zum Mitge-
nuß der süßesten Empfindungen ein. Es ist
fast unmöglich, da nicht gerührt zu werden,
wo man alles voll natürlicher Freude erblickt;
und selbst dem zerstreuten Städter, der zum
kurzen Besuch herbeyfliegt, entschleicht bey
Poußins Arkadien vielleicht der Seufzer:

Warum muß ich im Lärm der Städte leben?
Hier könnt' ich froh, wie dieser Hirte, seyn!

III. Die

III.

Die Gartenkunſt iſt in den neuern Zeiten, wiewohl in einem ungleichen Geſchmack, doch mit mehr Fleiß, kultivirt worden, als im Al= terthum. Wenigſtens ſcheint es ſo, bey den mangelhaften und unbeſtimmten Nachrichten, die davon auf uns gekommen ſind, und es läßt ſich vermuthen, daß die alten Schrift= ſteller, die ſonſt jede Art des Ruhms und je= des Verdienſt ihrer Zeiten um die ſchönen Künſte ſo ſorgfältig bemerkten, über dieſen Punct mehr geſagt haben würden, wenn ſie davon viel erhebliches mehr hätten ſagen kön= nen. Und von der Vollkommenheit der einen Kunſt bey einer Nation auf die Vollkommen= heit einer andern zu ſchließen, iſt eine Ueber= eilung, die, nachdem ſie ſchon in Anſehung der Muſik der Alten begangen iſt, bey der Gartenkunſt nicht noch einmal begangen wer= den muß. Wir wiſſen ſo viel, daß die Perſer und

und Griechen Gärten hatten, die damals be=
rühmt waren, und daß besonders Plutarch
in der Lebensbeschreibung des Alcibiades sei=
ne Gärten erhebt, die von den übrigen sich
durch die Anmuthigkeit der Quellen und Wie=
sen und Verzierungen unterschieden. Die
ältern Römer vernachläßigten die Garten=
kunst; allein zu des Columella *) Zeiten ward
sie fleißig getrieben und kam in Aufnahme.
Die Nachrichten, die uns übrig geblieben sind,
und selbst die vom Plinius, sind so unvollstän=
dig und dunkel, daß wir zwar verschiedene
Gegenstände in den römischen Gärten, nicht
aber, worauf es vornehmlich ankömmt, die
Kunst ihrer Anordnung daraus hinlänglich
kennen lernen. Aber so viel geben sie doch
mit den übrigen Zeugnissen von dem Ge=
schmack der Alten zu erkennen, daß damals
die Gärten noch weit von den unendlichen

D 5 kleinen

*) lib. 10. Praef. in carm. de cult. hort.

kleinen Künſteleyen entfernt waren, womit
die neuern Zeiten ſie verunſtaltet haben.

Nach aller Wahrſcheinlichkeit hatte dieſer
ſonderbare Geſchmack, der noch nicht ganz
vertrieben iſt, vornehmlich ſeinen Grund in
dem Wahn, daß der nächſte Platz um eine
Wohnung mit ihr eine Aehnlichkeit haben,
und die ganze Anlage und Einrichtung eines
Gartens nach einer genauen Symmetrie ab-
gemeſſen ſeyn müſſe. Ein regelmäßiges Vier-
eck, eine ganz gerade Ebene, oft durch müh-
ſame Wegſchaffung der natürlichen Erhöhungen erzwungen, ein breiter Hauptweg in der
Mitte, zu den Seiten eine gerade Hecke oder
Allee, zuweilen in poſſierliche Figuren geſcho-
ren, an allen vier Ecken ein roth angeſtriche-
nes Luſthäuschen, Fluren mit bunten Steinchen und Glas belegt, dann ein mit Buchs-
baum oder mit Porcellainſtücken gezogenes
Wappen des hochadelichen Beſitzers, überall
eine ganze Völkerſchaft von Puppen, vom
blitz-

blitzschleudernden Zeus bis auf den bockfüßigen Satyr — dieß war ohngefähr der niedliche Geschmack in einer langen Reihe der neuern Zeiten, der die Natur gerade da verdrang, wo sie vorzüglich ihren reizenden Wohnsitz haben sollte, und der durch die unerträglichste Art von Gleichheit, Regelmäßigkeit und alberner Künsteley ermüdete. Die meisten Gärten konnten nicht leicht eine Ueberschrift am Eingange finden, die für ihren Character treffender gewesen wäre, als diese:

Der Garten ist sehr schön geschmückt!
Hier Statüen und dort Cascaden;
Die ganze Götterzunft, hier Faunen, dort Najaden,
Und schöne Nymphen, die sich baden:
Und Sand, vom Ganges hergeschickt,
Und Muschelwerk und güldne Vasen,
Und Porcellan auf ausgeschnittnen Rasen,
Und buntes Gitterwerk, und — eines such ich nur —
Ists möglich, daß was fehlt? Nichts weiter —
die Natur!

Weiße.

Der

Der größte Mißbrauch, den man von der
Kunst gemacht, war gewiß der, da sie Gegenstände der Natur unter gewisse Regeln
zwingen wollte, die sich am wenigsten auf sie
anwenden lassen. Selbst die Schriftsteller,
durch Gewohnheit und Vorurtheil verleitet,
vergaßen sich so weit, daß sie diesen Geschmack
öffentlich zu empfehlen, und ihn zu einem
allgemeinen Gesetz zu erheben suchten. *)
So leicht es dem Anscheine nach hätte seyn
sollen, auf die Spur des Schicklichen in den
Gärten zu kommen, so lange dauerte es doch,
ehe man sie finden konnte. Das Anständige,
Harmonische, Schöne war schon in tausend
Werken der Malerkunst aufgestellt; und eben
die

*) Hieher gehört vornehmlich der so allgemein ge-
lesene de la Plüche im Spectacle de la nature
und der Verfasser der Agremens de la campagne &c. die überhaupt viele geschmacklose Anlagen der Gärten vorschreiben; nicht weniger die
Verfasser der Artikel in der Encyclopädie, welche
die Gartenkunst betreffen.

die Nationen, die diese Werke geliefert hatten,
wußten noch nicht, was sie mit den Gärten
anfangen sollten, und überließen sie den al-
bernen Einfällen der Unwissenheit, oder einer
unglücklichen Verkünstelung. Ja, was diese
Bemerkung noch auffallender macht, so waren die vortrefflichsten Landschaftgemälde vorhanden; viele Künstler in Italien, den Nie-
derlanden und Frankreich hatten darinn das
Reizende der Natur, das sie nach ihren schönsten Seiten studierten, in dem ganzen Umfang nachgebildet, den nur die Gränzen der
Kunst verstatten. Und noch immer dachte
man nicht daran, daß der Garten eine Landschaft im Kleinen seyn sollte, abgesondert von
der großen Masse einer Provinz, und durch
den gefälligen Beystand der Kunst in natürlicher Schönheit erhoben. Ein entferntes
Volk, sagt man, und es ist wohl unleugbar,
dieses Volk, das sonst eben seines Geschmacks
wegen keinen großen Anspruch auf Hochach-
tung

tung machen konnte, mußte dem schon auf=
geklärten Europäer durch sein Beyspiel den
ersten Wink geben, die ächte Gartenkunst zu
erkennen. Der Chineser erleuchtete den Eng=
länder, und dieser fieng an, die Aufklärung
zu nutzen und sie weiter mitzutheilen. Nun
begriff man, was man schon vorher hätté be=
greifen können, daß der Geschmack in Gär=
ten, wenn er gut seyn soll, eben der seyn
müsse, der in den übrigen schönen Künsten
mit so vieler Anlockung und Unterhaltung
herrscht. Man lernte einsehen, daß die Gar=
tenkunst, wenn sie zu ihrer ursprünglichen
Würde erhoben werden sollte, so wenig, als
irgend eine der andern schönen Künste, das
Unschickliche, das Einförmige, das Gezierte
vertrage, und daß sie von einem sichern Ge=
fühl des Schönen und von einer gesunden
Urtheilskraft geleitet werden müsse. Man
suchte Beobachtungen der Empfindung und
die Kritik des Schönen auch auf diese Kunst

anzu=

anzuwenden, und mußte dabey sehr leicht
wahrnehmen, daß eine nachläßigere Einrich=
tung weit mehr gefalle, als eine ängstlich
ausstudierte Genauigkeit, daß aus dem Man=
gel der Freyheit und der Mannigfaltigkeit
Ekel und Ermüdung entstehe, daß unver=
schlossene und anmuthige Aussichten, Abwech=
selung der Scenen und selbst eine gewisse
Wildniß den sorgfältigsten Abmessungen und
der pünctlichsten Regelmäßigkeit unendlich
weit vorzuziehen sey, kurz, daß das durch die
bescheidene Kunst verschönerte Natürliche
allein das Vorrecht behalte, einen wahren
angenehmen Eindruck zu machen, und selbst
den Verstand zu ergötzen. Und wie viel wür=
de nicht diese schöne Nebenbuhlerinn der Na=
tur gewinnen, wenn diese Wahrnehmungen
schon so weit ausgebreitet wären, als sie es
verdienen, und die Kunst nicht auf der einen
Seite durch die gar zu kühnen Ausdehnungen
des Britten, auf der andern durch das alte

Vor=

Vorurtheil, das noch immer gegen sie an=
kämpft, in ihrer wahren Ausbildung aufge=
halten würde!

Noch wird man es dem Franzosen verge=
bens zu beweisen unternehmen, daß selbst die
weitläuftigen und kostbaren Gärten seines
Königs nicht in dem ächten Geschmack der
Gartenkunst angelegt sind, daß Kent ein weit
größeres Genie als le Notre ist, und daß Ha=
gley Versailles an Schönheit übertrifft. Ehe
Ludewig der Große erschien, waren freylich
die Gärten in Frankreich ein bloßer Sammel=
platz von Bäumen, Blumen, Rasen, und
Wasser, mit so wenig Geschmack und Absicht,
daß nach der Aussage der Franzosen nichts
wilder und nachläßiger war. Und doch wa=
ren wohl diese Gärten, worinn vielleicht nur
der Geist der Anordnung fehlte, mehr der
Natur gemäß, als die, welche nachher mit
so ungeheuern Kosten und unter einem so
rauschenden Beyfall angelegt wurden. Die
Lob=

Lobsprüche, welche auf die Arbeiten des le
Notre zuströmten, wurden so allgemein, daß
sie noch täglich von einem großen Theil der
Nation, der sich so gerne durch sich selbst ver-
blendet, und selbst von vielen ihrer Schriftsteller wiederholt werden. Man sah in den
königlichen Gärten zu Versailles, Marly,
St. Germain, Chantilly, Meudon, und andern, zierlich gezirkelte Blumenbeete, Ter-
rassen, Fontainen, große Wasserkünste, hohe
Hecken, Gitterwerke, Labyrinthe, Grotten,
geschnitzte Arbeit, Statüen; alle diese Scenen sah man entstehen, und unter ihrem Ueberfluß und Pomp zugleich die Natur verschwinden. Es mochten Schönheiten für den
Franzosen seyn, aber nach den Grundsätzen
der Gartenkunst waren es übertriebene und
zum Theil übel angebrachte Künsteleyen; es
mochte Empfindung darinn seyn, aber eine
falsche, Genie, aber ein solches, das aus Mangel einer glücklichern Richtung seine Kraft

E   ver-

verschwendete. Nicht die Weitläuftigkeit und die Pracht, die in diesen Gärten herrscht, auch nicht die häufigen Geldversprechungen, die der entzückte Ludewig mit jedem Augenblick wiederholte, worinn er die Entwürfe des le Notre näher faßte, beweisen, daß die Kunst hier ein Vorrecht hatte, das Natürliche zu verdrängen. Die Bemerkung, die Home darüber macht, ist fast beschämend. „Man sollte, sagt er, glauben, die Natur wäre zu geringe gehalten worden, in den Werken eines großen Monarchen nachgeahmt zu werden, und daß man daher unnatürlichen Dingen den Vorzug gegeben, die man vermuthlich für wunderbar angesehen hat.“ Und doch können zuweilen noch Männer von Ansehen rühmen, daß diese gezierte Gartenkunst vor allen schönen Künsten in ihrem Vaterlande das besondere Glück gehabt, daß sie bisher noch nicht ausgeartet ist, d. i. sich nicht verbessert hat. Man hat bey der Anlage einiger fran=

französischen Gärten allerdings Wunder ge=
than, aber solche, die bey den freywilligen
Wirkungen der Natur in andern Gegenden
überflüßig waren, und deren Absicht auf ei=
nem ganz andern Weg hätte würklich erreicht
werden können. Erstaunen und Bewunderung
im Anfang, bald darauf Langeweile, und dann
Ekel, dieß ist die Würkung, die selbst die
Gärten von Versailles haben, denen übrigens
schon mehr als ein Vorwurf gemacht worden ist.

Indessen hatte das Ansehen dieser Gär=
ten, verstärkt durch den allgemeinen Ruhm
des französischen Witzes, den Erfolg, daß die=
ser Geschmack in der Gartenkunst sich weiter
ausbreitete, oder sich doch bey andern Na=
tionen mehr befestigte. Das Vorurtheil, daß
nichts schöner sey, als was unter dem ver=
götterten Ludewig ausgeführt worden, fessel=
te nicht blos den Franzosen, es band auch
den Ausländer. Die Regelmäßigkeit ward
überall Mode, aber zugleich desto ekelhafter,

je

je mehr sie von Größe und Pracht verlassen
ward, die man vergebens mit hundert neuen
kleinen Künsteleyen zu ersetzen suchte. Le
Notre, der zu seiner Zeit die Gartenkunst
fast ganz allein regierte, gieng nach Italien,
und gab den Plan zu verschiedenen Gärten
an. Der spitzfindige Witz des Italieners kam
dazu, und es entstanden Gärten, die sich noch
mehr von den großen Schönheiten der Na=
tur, so viel Muster ihm auch davon seine
Landschaften anboten, entfernten, und sich
zu einer Menge von kleinen Spielwerken er=
niedrigten. Der Niederländer war mit die=
sem Geschmack nicht übel zufrieden; er fügte
vielmehr noch einige neue Puppenspiele hin=
zu; und war übrigens vergnügt, wenn er nur
Blumen sah, die unter einem andern Himmel
gebohren waren, und viel gekostet hatten.
Und mein guter Freund, der Deutsche? Er
machte es eben so, wie es ihm andere vorge=
macht hatten.

IV.

Es ist gesagt, daß die chinesischen Gärten
dem Engländer die Veranlassung gegeben,
auf den Geschmack des Natürlichen und Großen in den Gärten zu kommen; und es ist
der Verbindung und nähern Aufklärung dieser Anmerkungen gemäß, hievon noch etwas
mehr anzuführen. Die Revolution, welche
der Chineser in der neuern Gartenkunst hervorgebracht, ist überhaupt zu merkwürdig,
als daß sie hier vorübereilen könnte, ohne
einen aufmerksamern Blick zu erhalten.

Schon die Natur bietet in China die
prächtigsten Lagen und Aussichten an. *)
Und die Vorzüge der Gärten bestehen in der
Schönheit und Mannigfaltigkeit der Scenen,

E 3 die

*) Designs of Chinese Buildings &c. by Mr.
Chambers. London. fol. 1757. The Rise
and Progress of the present Taste in Plan-
ting Parks, Pleasure-Grounds, Gardens &c.
In a poetic Epistle &c. 4. 1767.

die so sehr in der Natur gefallen, und selbst
in den kleinen angenehmen Nachläßigkeiten,
die ihr nicht verwerflich scheinen. Die Gegend, die in einen Garten verarbeitet wird,
theilet sich in mancherley Scenen von dieser
Art. Krumme Gänge, durch Gebüsche gehauen, leiten zu immer abwechselnden Aussichten, und diese erheben den Reiz für das
Auge bald durch ein Gebäude, bald durch einen andern mit Wahl hingestellten oder blos
verschönerten Gegenstand, der anziehend, und
die Wirkung des Ganzen zu verstärken fähig
ist. — Der Chineser nimmt dreyerley Arten
von Scenen an, denen er in seinen Gärten
einen Platz giebt; es sind lachende, fürchterliche und romantische, die mit einander geschickt verbunden werden. Für die letztern
wird oft ein rauschender Bach unter der Erde
weggeleitet; er ergötzt durch sein Geräusche
und vergrößert die Aufmerksamkeit, da das
Auge ihn vergebens sucht. Bald bringt die
Luft

Luft in Felsenritzen, in Oeffnungen durch Gebäude seltsame Töne hervor; oder verschiedene Eccho vereinigen sich, einen unerwarteten
Eindruck zu machen. Um diesen zu vermehren, werden hier seltene Thiere, Bäume und
Pflanzen unterhalten. Dunkle Grotten,
überhangende Felsen und Wasserfälle, die von
ihnen herunterbrausen, nahe umher krumm
gewachsene Bäume, die hier vom Sturm zer-
rissen, dort von ihm in den Strom gestürzt
zu seyn scheinen, andere, die das Ansehen
haben, als wenn sie vom Wetterstrahl ver-
sengt wären, dann einige eingefallene, andere halb abgebrannte Gebäude und einzeln
zerstreute Hütten, dieses zusammen macht die
fürchterlichen Scenen in den chinesischen
Gärten aus. Sodann wechseln sie mit la-
chenden ab, die durch immer unerwartete
Abänderungen, sowohl in den Formen als
auch in den Farben, im Licht und im Schatten, und durch einen angenehmen Kontrast

unter-

unterhalten. — Auf einem größern Platz ist
gemeiniglich eine jede Scene für einen be=
sondern Gesichtspunkt eingerichtet; auf ei=
nem kleinern, wo jenes nicht angeht, neh=
men die Partien nach den verschiedenen An=
sichten immer andre Gestalten an, und zwar
so abwechselnd, daß man jedesmal etwas neues
zu erblicken glaubt. — Größere Gärten, die
zum Theil stark mit Bäumen bepflanzt sind,
haben Scenen und Gebäude, die sich für jede
Tageszeit schicken, und dem Genuß der ih=
nen eigenen Annehmlichkeiten gewidmet sind.
Nicht weniger findet man in ihnen angelegte
Seen, mit Inseln geziert, Flüsse, Kanäle.
Die Ufer sind bald sandigt und steinigt, bald
mit grünen Anhöhungen und Gehölz bepflanzt,
bald wieder flach mit kleinem Gesträuch und
mit Blumen verziert, bald von steilen Felsen
belagert, in deren Hölen und Klüften das
Wasser mit einem wilden Getöse raset; über=
all die wahre Natur, immer an schönen Ab=

wech=

wechselungen reich. — Die Flüsse und Bäche
in den Gärten haben keinen geraden und ein=
förmigen Lauf; anmuthiger werden sie durch
die Krümmungen, worinn sie sich fortschlän=
geln, durch den bald schmalen bald breiten
Raum, den sie einnehmen, durch das hier
stürmende Getöse, dort sanft murmelnde klei=
ne Geräusche, das bald darauf unter dem
stillern Fortschleichen allmählig verstummt.
An andern Stellen findet man Gebüsche, die
hie und da von Bächen durchschnitten sind,
auf welchen man in kleinen Kähnen fahren
kann; bald ist das liebliche Gewässer frey,
bald mit einer grünen Decke von Laub be=
schattet, und immer führt die Fahrt zu einer
neuen angenehmen ländlichen Scene hin. —
Auf den Fluren, die hin und wieder in den
größern Gärten liegen, weidet zahmes Vieh,
das die Gegend noch mehr belebt. Bey diesem
Geschmack an den höhern Schönheiten der Na=
tur scheinen dem Chineser die Parterre, He=

E 5 cken,

cken, bedeckte Gänge und andere ähnliche
Scenen unsrer Gärten nicht reizend genug
zu seyn. Und wenn sich einmal Alleen finden,
so haben sie meistentheils auf den Seiten
Mauern, an welchen Weinstöcke oder Bäume
gepflanzt sind, die an ihnen hinlaufen, und
stoßen an Hügel, mit Gebüschen bekleidet,
an deren Fuße Bäche rieseln, an Brücken,
an kleine Lustwälder, und andere abwechseln=
de Gegenstände, die zur Vervielfältigung der
Auftritte mit guter Wahl angebracht sind.

Man erkennt schon in diesem kurzen Ab=
riß den Character der chinesischen Gärten,
der ihrer wahren Bestimmung angemessen ist;
und wenn man daneben die englischen Parks
betrachtet, so wird es, außer den historischen
Beweisen, noch sichtbarer, daß diese von je=
nen Nachahmungen sind, aber Nachahmun=
gen, die, von mehr Genie und Beobachtung
unterstützt, das Urbild übertreffen.

Bey

Bey allen Vorzügen, welche die chinesi=
schen Gärten haben, scheint es indessen doch,
daß sie oft das Wilde und Fürchterliche der
Natur zu sehr übertreiben. Und wenn das
Fürchterliche auch auf größern Gartenplätzen,
die einer ausgebreiteten natürlichen Gegend
näher kommen, verstattet werden kann, wenn
es sehr sparsam und blos des Kontrastes und
der Verstärkung der Hauptempfindung wegen
angebracht wird; so ist es doch, weil es dieser
leicht entgegen streiten kann, auf einem klei=
nen Raum eher ganz zu vermeiden, als daß
es zu einer widrigen Würkung dahin gelegt
wird. Zuweilen verleitet die Neigung zum
Natürlichen den Chineser auch zu spitzfindigen
Künsteleyen, wie z. B. die von hohen Felsen=
gipfeln herabhangende Bäume sind, die in der
Luft zu schweben scheinen. Als Werke des Zu=
falls können sie Bewunderung erregen; aber sie
sind nicht Gegenstände des Geschmacks, die man
mit Bedacht in einem Garten anbringen kann.

V. Der

V.

Der Britte ist nicht nur der erste, der die ächten Grundsätze der Gartenkunst in verschiedenen Schriften *) zu entwickeln versuchte; er ist auch der erste, der von ihnen eine glückliche Anwendung machte. Kent, ein Künstler von großem Geist und von feinem Geschmack, wagte es nach dem Anfang dieses Jahrhunderts, die Regelmäßigkeit und Einförmigkeit zu verlassen, und der Gartenkunst ihre Rechte wieder zu geben. Seine neuen Zeichnungen und Anlagen brachen auf einmal

*) Milton, Temple, Bacon, Pope, am meisten Addison im Zuschauer hatten schon eine Morgenröthe vor dem Anbruch des richtigen Geschmacks in der Gartenkunst aufgehen lassen. Nachher entstanden scharfsinnige und ausführliche Untersuchungen. Dahin gehören mit den schon angeführten Grundsätzen der Kritik von Home, und den Betrachtungen über das heutige Gartenwesen, dissertation on oriental Gardening by Chambers, und The English Garden, by Mason.

mal die Bahn, wurden von dem National=
geschmack seiner Landsleute mit einer Art
von enthusiastischem Beyfall aufgenommen,
und der Gartenkunst konnte ein schneller Fort=
gang und eine immer bessere Ausbildung nicht
fehlen, nachdem sie einmal auf den rechten
Weg gebracht war. — Das Natürliche und
das Große ist der eigentliche Charakter der
brittischen Gärten oder vielmehr der Parks.
Doch Parks und Gärten stehen ungefähr in
eben dem Verhältnisse gegen einander, wie
das größere Landschaftgemälde gegen das
kleinere; und die Grundsätze der erstern kön=
nen leicht bey den andern ihre Anwendung
haben, wenn man nur zu beurtheilen weiß,
in wie weit sich das, was in einer ausgebrei=
teten Gegend schicklich ist, nach den Abände=
rungen, die ein engerer Platz erfordert, anbrin=
gen läßt.   Der Britte verlangt einen größern
Raum, auf welchem er sich frey der Wirksam=
keit seines Genies überlassen kann. Wenn
er

er die verschiedenen Kräfte untersucht hat,
welche Wasser, Felsen, Gebäude, Berge,
Hügel, Waldungen, Bäume, und andere
Gegenstände auf die menschliche Seele be=
weisen; so überlegt er, wie den Würkungen
dieser Kräfte mehr Richtung, Stärke und
besonders eine glückliche Harmonie durch die
Kunst gegeben werden könne. Er merkt, wie
der Landschaftmaler, auf das ganze Gemisch
der Würkungen, welche die Lage, die Größe,
die Entfernung, die Abwechselungen des Lichts
und des Schattens, und die verschiedenen
Zeiten des Tages hervorbringen; und selbst
die kleinern Umstände, die sich in das Ganze
mit Vortheil einflechten lassen, entgehen sei=
ner Aufmerksamkeit nicht. — Am besten wird
man den Charakter der englischen Garten=
kunst aus den Beschreibungen einiger Parks
erkennen, die zugleich der Phantasie eine
angenehme Erfrischung anbieten. Aus der
großen

großen Menge dürfen nur ein Paar der be=
sten erscheinen, Wentworth und Hagley.

Der Park und die Gegend um Went=
worth, einen Landsitz, der dem Lord Ro=
ckingham zugehört, *) sind überaus reizend.
Von welcher Seite man sich auch demselben
nähert, findet man prächtige Waldungen,
ausgebreitete Wasserstücke, und zierliche Tem=
pel. Die Prospecte sind so abwechselnd, daß
es fast unmöglich ist, eine Beschreibung da=
von zu machen, ohne undeutlich zu wer=
den. — Viele Gegenstände sieht man am
besten bey der Haupteinfahrt von der Seite
von Rotherham. Gleich zu Anfange ist der
Anblick reizend; man sieht eine prächtige
Reihe von Hügeln, Thälern, Seen und
Wäldern vor sich, und im Mittelpunkte liegt
der Pallast. Das Auge blickt natürlicher
Weis=

*) Arthur Youngs Reise durch die nördlichen Pro=
   vinzen von England ꝛc. Leipzig, 1772. 1ster Th.
   S. 137.

Weiſe in das vor ihm liegende Thal hinab,
und folgt dem ſich durch daſſelbe krümmen=
den Waſſer. Gegen über führt eine weit aus=
gebreitete und mit einzelnen Bäumen beſetzte
Anhöhe zu dem Wohngebäude hinan, welches
ganz abgeſondert und edel da ſteht, und die
Ausſicht über alle rings umher liegende Ge=
genden hat. Der Wald verbreitet ſich hier
gegen alle Seiten auf eine unbeſchreiblich
prächtige Weiſe. Auf der linken Seite er=
hebt ſich mitten im Walde eine Pyramide,
und von hier führt der Weg nach einem ab=
hängigen Hügel, der über hundert Acker
Waldes in ſich faßt, und das ſchönſte Am=
phitheater darſtellt. — An einem Orte ſteht
ein Tempel von bäuriſchem Werke auf einem
wellenförmig aufſteigenden Hügel, und auf
einem andern ein ioniſcher von leichter Archi=
tectur, welcher den umliegenden Hainen eine
Zierde giebt. Von hier zeigt ſich das Wohn=
gebäude am vortheilhafteſten; denn von andern
benach=

benachbarten Plätzen scheint es zu niedrig zu
liegen. Aus diesem Gesichtspuncte zeigt sich
das Gegentheil; denn vor sich hat man einen
allmählig aufwärts steigenden Hügel, auf
dessen Hälfte das Gebäude steht; von hier hat
man noch eine steile Anhöhe vor sich. Läge
es ganz oben, so verlöre man den Prospekt
aller schönen Pflanzungen jenseits des Hauses. — Wenn man von hier in den Wald hin-
abgeht, durch welchen der Weg führt, so fällt
einem ein artiger Prospekt in die Augen.
Erst krümmt sich das Wasser auf eine angenehme Weise durch das Thal, und auf der
andern Seite erhebt sich eine Anhöhe bis zu
gedachtem bäurischen Tempel, an welchem
hinterwärts ein finsterer Wald stößt. Auf
der rechten Seite ist eine Anhöhe mit aller-
ley Gebüschen besetzt; oben auf derselben
steht eine Pyramide, welche ihre Spitze aus
einem dicken Klumpen von Bäumen erhebt;
alles zusammen thut eine große Wirkung.

F   Im

Im Mittelpunkte des Prospekts sieht man,
zwischen Hügeln hindurch, das Wohngebäude
liegen. Etwas mehr linker Hand formiren
eine Menge Eichen, die aus andern Gesichts-
puncten besondere Klumpen ausmachen, einen ansehnlichen Wald, der sich von der Spitze des Wassers gegen die Anhöhe auf der linken Seite des Hauses erhebt, und zuletzt wird
man den ionischen Tempel an einem reizenden Orte gewahr, wodurch die ganze Landschaft verschönert wird. --- Der Weg führt
darauf durch den obgedachten Wald, durch
welchen viele Gänge mit der größten Abwechselung gehauen sind. In einem Theile desselben liegt auf einem kurz geschornen Rasen-
platze ein Haus, worinn man bey heißem
Wetter speiset. Von hier führt der Weg zu
dem Vogelhause, welches artig und im chinesischen Geschmacke angelegt ist. Man trifft
viele Kanarienvögel und andere Arten von
Vögeln darinn an, die auf die Art durch den

Winter

Winter gebracht werden, daß man die Hin=
terwände des Gebäudes heiß macht; die Vor=
derseite besteht aus geflochtenem Gitterwerke.
An einem andern Orte des Waldes trifft man
auf einem kleinen freyen Platze einen acht=
eckigten Tempel an, und von hier führt der
Weg auf eine steinerne Brücke, die über ein
schmales mit dickem Buschwerke umgebenes
Wasser geschlagen ist. --- Kömmt man aus
dem Gehölze, so stellen sich dem Auge auf
einmal eine Menge neuer Prospekte dar.
Die Bäume sind nach verschiedenen Gegen=
ständen gepflanzt, behalten aber ihr edles An=
sehen. Vor sich erblickt man über einen schö=
nen Strich Waldes den ionischen Tempel,
der hier von den Händen der Grazien an ei=
nen Platz gestellt zu seyn scheint, der nicht
besser ausgewählt werden kann. --- Der Weg
führt abermals über den Hügel, und geht
schief hinunter zu dem achteckigten Tempel.
Dieß artige Gebäude liegt sehr reizend im

Thale,

Thale, und hat den Prospekt über das Wasser
zwischen verschiedenen Hainen, und den Bäumen, womit die benachbarten Hügel besetzt
sind. Nicht weit von demselben wird eine
prächtige Brücke gebauet, um einen neuen
Weg zu einem Walde der schönsten Eichen in
ganz England zu leiten. Von hier wird man
an einen Platz kommen, da sich die große Vor-
derseite des Hauses seitwärts zeigt, und der
Weg wird nach solchem dergestalt schlangen-
weise fortführen, daß man nie einen zuvor
gesehenen Ort antreffen wird. — Bey der
untern Einfahrt von der Seite von Rotherham fällt der Park nicht weniger trefflich in
die Augen. Rechter Hand zeigt sich die große
Pyramide, gegen über ragt der bäurische Tempel oben über das Gebüsche auf eine sehr malerische Weise hervor. Linker Hand erstreckt
sich der See mit solchen Buchten durch das
Thal, als die Kunst nachmacht, um die schöne Natur zu schildern. Die Aussicht wird

hin

hin und wieder durch Klumpen von Bäumen
unterbrochen, die bis ans Ufer vorgehen.
Zweyhundert Ellen hinter dem Ufer fällt der
achteckigte Tempel in die Augen. Auf der
andern Seite übersieht man einen großen
Theil des Parks, der theils mit einzelnen
Bäumen, theils mit ganzen Klumpen besetzt
ist. Auf allen Seiten zeigen sich in der Ent=
fernung die schönsten Prospekte von angebaue=
ten Hügeln. Dieser Weg führt zu einem
kleinen Lusthause. Aus den Fenstern sieht
man jenseits des Wassers steile Hügel vom
Ufer an sich erheben, die oben mit einem
Walde gekrönt sind. Darauf läuft der Weg
um den Hügel, auf welchem der bäurische
Tempel steht, und man befindet sich auf ein=
mal bey dem Wohngebäude, welches einen
artigen Kontrast mit den andern Zugängen,
die das Haus alle vom weiten zeigen, ver=
ursacht. — Einen andern herrlichen Gesichts=
punkt hat man gegen Süden von einem Hügel.

F 3   Hier

Hier zeigt sich in einem Thale Rotherham
mit der ganzen umliegenden Gegend, die mit
Dörfern besäet ist, und zu beyden Seiten erheben sich die Hügel gegen die Wolken.
Das Wohnhaus ragt zwischen neun bis zehn
andern Hügeln und Wäldern hervor, welches
ein majestätischer Anblick ist. Die Pyramide
und die hin und wieder stehende Tempel geben der Scene eine Abwechselung, die bey
dem großen Umfange nöthig war. Dieß ist
vielleicht der schönste Prospekt in Yorkshire;
denn das Gebäude formirt mit dem Parke
und Wäldern eine in der Runde zusammen-
hängende Landschaft, die schön und groß ist,
und die umliegende Gegend zeigt eine unab-
sehliche Weite angebaueter Ländereyen und
arkadischer Scenen. — Wenn man sich von
diesem Platze links wendet, so wechselt die
Landschaft beständig ab, und gefällt jedesmal
aufs neue. Man geht durch ein mit Wasser
versehenes Thal nach der westlichen Ecke des
Parkes,

Parkes, von dem man abermals eine Aussicht
hat, die den übrigen nichts nachgiebt. Man
sieht über eine Anhöhe weg, und wird das
an verschiedenen Stellen durch die Bäume
scheinende Wasser, und am Ufer desselben den
achteckigten Tempel gewahr, welches mit den
übrigen hoch liegenden Gebäuden einen artigen Kontrast macht. Auf der linken Seite
erhebt sich der Wald, und vereinigt sich mit
dem bey dem Wohngebäude. Gegen über
liegt der bäurische Tempel, und hinter demselben ein düsterer Wald; noch höher in einem dünneren Walde steht die Pyramide,
welches zusammen eine prächtige Wirkung
thut. Rechter Hand erblickt man eine Menge angebaueter Hügel. — Die oft angeführ-
te Pyramide verdient noch eine nähere Beschreibung. Sie besteht aus einem dreyeckig-
ten Thurme, der ohngefähr zweyhundert Fuß
hoch auf einem Hügel angelegt ist; man steigt
vermittelst einer Wendeltreppe hinauf, und

hat oben einen erstaunlichen Prospekt, der das Auge unvermuthet überrascht. Man übersieht das Haus, alle umliegende Hügel, Wälder, Wasser, Tempel u. s. w. mit einem Blicke, und in einer mehreren Entfernung einen unermeßlichen Strich angebaueter und eingezäuneter Felder. --- Bey der Pyramide liegt ein artiges Zimmer, von dem man einen reizenden Prospekt hat. Nicht weit von der Pyramide ist eine Arkade aufgeführt, welche dem ionischen Tempel zum Prospekte dient. --- Man sieht von diesem zierlichen Gebäude eine reizende Landschaft; in dem tiefer liegenden Thale fällt das Wasser an manchen Stellen in die Augen; auf der einen Seite zeigen sich die verschiedene bisher beschriebene Lustwälder, bis an den großen Wald von hundert Ackern. In diesem soll ein großer Obelisk errichtet werden, der eine majestätische Wirkung in Ansehung aller umherliegenden Hügel thun wird. Bey gedachtem Tempel liegt

die

die Menagerie, dem Gewächshause gegen über;
man trifft in derselben eine erstaunliche Men=
ge goldfarbener Fasanen, Kakadus, und an=
dre seltene Vögel an. Das Gewächshaus ist
geräumig', und daran stößt ein Zimmer zum
Theetrinken. Von hier geht man eine Ter=
rasse hinab, und während der Zeit wird das
Auge durch die Abwechselung von Hügeln,
Thälern, schlängelndem Wasser, Wäldern und
Tempeln ergötzt. Mit einem Worte, Went=
worth ist in allen Betrachtungen einer der
schönsten Plätze des Königreichs. Bey andern
Landsitzen bewundert man bald das Haus mit
seinen Merkwürdigkeiten, bald den Park,
bey manchen rühmt man die zur Zierde in
dem Parke aufgeführten Gebäude, oder auch
die schönen Prospecte überhaupt. Hier ist
alles vereinigt; das Gebäude ist eins der
größten in England; der Park hat alle Schön=
heiten der Natur und Kunst, die man sich
nur gedenken kann; die prächtigen Wälder

über=

übertreffen alle Beschreibung; die Tempel haben eine schöne Architectur, und eine so wohlgewählte Lage, daß sie den Reiz eines jeden Platzes außerordentlich erheben. Dazu kommt die Schönheit der umliegenden Landschaft, die aus angebaueten Hügeln, Dörfern und Städten besteht.

Hagley bey Stourbridge in Worcestershire *) liegt mitten in einer fruchtbaren und angenehmen Gegend, zwischen den Gebürgen von Clent und Witchberry. Die letztern von diesen Bergen sind in drey schöne Anhöhen vertheilt. Die eine unter denselben ist mit Waldung bedeckt; die andre ist eine offene Schaftrift, mit einem Obelisken auf ihrer obersten Spitze; auf der dritten zeiget sich der bedeckte Gang vom Tempel des Theseus, der vollkommen nach dem Muster des athenienfischen ist, und diesem auch an Größe wenig

*) Betrachtungen über das heutige Gartenwesen ꝛc. S. 239.

wenig nachgiebt. Er steht kühn auf dem Gipfel des Berges, und hat mit dem dunklen
Hintergrunde eines Tannenwaldes, und über
den vorne und an den Seiten befindlichen
Abhängen ein recht majestätisches Ansehen.
Das Haus bekömmt von diesen Anhöhen ein
sehr vortheilhaftes Ansehen; und man kann
aus einem jeden Standorte derselben einige
schöne Aussichten entdecken. --- Von den
Clenter Bergen sind die Aussichten noch grö-
ßer. Sie erstrecken sich auf der einen Seite
bis zu den schwarzen Gebürgen in Wallis,
welche sich in einer langen Linie in einer Entfernung von sechzig Meilen durch die Oeffnung
zwischen den rauhen und ungeheuern Mal-
verngebürgen, und zwischen der einsamen
Spitze vom Wrekinberge, welche beyde von
hier dreyßig Meilen entfernt sind, und eben
so weit von einander abstehen, zeigen. Das
Land bestehet aus einer Mischung von Bergen
und Thälern, und ist sehr geschlossen, ausgenommen

nommen in einer einzigen Gegend, wo eine
Heide, die von Erhöhungen, Teichen und
verschiednen andern Gegenständen eine an=
genehme Abwechselung erhält, mit einem
bearbeiteten Felde, welches von jener umge=
ben wird, einen vortrefflichen Kontrast macht.
Von der andern Seite der Clenter Berge
verbreitet sich der Prospect nicht so weit.
Der Boden aber ist weit rauher und unebe=
ner. Dennoch ist er an vielen Orten mit
großen und schönen Wäldern bedeckt, und die
Aussicht erhält von den vielen Landsitzen des
Adels und andrer Standespersonen einen an=
sehnlichen Vortheil. Weil überdieß die Ber=
ge selbst sehr irregulär sind, so unterbrechen
oft große weit vorstehende Vorgebürge die
Beschäfftigung der Augen, indem sie zugleich
die Scene verändern. An andern Orten zei=
gen tiefe Thäler, die sich nach und nach in
der Landgegend verlieren, die daselbst befind=
lichen Gegenstände in einem abwechselnden
Lichte.

Lichte. In einer von diesen Tiefen ist ein artiges Bauerhaus unter einem hohen Abhange aufgebaut, welches überdieß auf den Seiten und im Rücken mit Waldung umringt ist, und die Vorstellung der Einsamkeit, mitten in einer so offenen und freyen Gegend, erregt. Von den darüber befindlichen Höhen fällt der ganze Auftritt in die Augen, welcher vorher von den Witchberty Bergen übersehen werden konnte, sich aber hier über dem Park zu Hayley zeiget, der einen vortrefflichen Vordergrund abgiebt, an sich selbst schön ist, und die Landschaft ausfüllet. — Obgleich das Wohnhaus im Park niedrig ist, so ist es doch über die umliegende Landgegend erhaben, welche man aus demselben bis zu einem ziemlich entfernten Horizont übersehen kann. Es wird von einer Wildbahn eingeschlossen, die aus einem artigen unebenen Boden besteht, und mit ansehnlichen Klumpen, kleinen Gruppen, und einzelnen

Bäumen

Bäumen wechselsweise besetzt ist. Von vorne
hat es eine offene Aussicht, auf der einen
Seite aber wird es von den Witchberry Ber=
gen, und auf der andern, wie auch im Rü=
cken, von den Anhöhen des Parks umringt,
welche hoch, steil, und alle mit erhabenen
abhängigen Wäldern bedeckt sind. Die Wild=
bahn, welche bald an dem Fuße dieser Berge
hinläuft, bald die Anhöhen hinaufsteigt, oder
sich auch bisweilen längst den Blößen in die
Tiefe des Waldes hinein windet, beschreibet
einen schönen Umzug von einer waldigten
Scene, welche ohnedieß in Ansehung des dich=
ten Laubwerks und des prächtigen Wuchses
schon reich genug ist. --- Allein obgleich der
Wald zusammenhängend zu seyn scheinet, so
öffnet er sich doch würklich oft in Wildbah=
nen, die einen großen Theil seines innern
Raums einnehmen. In der Menge, in der
Abwechselung und Schönheit dieser Wildbah=
nen, in den Schatten der Gebüsche, wodurch

jene

jene von einander abgesondert werden, wie
nicht weniger in ihren eigenen Schönheiten
und Abwechselungen, bestehet der Ruhm von
Hagley. Nicht zwo Oeffnungen sind in ihrem Maaße, in ihrer Figur, oder in ihrem
Charakter einander gleich. Einige strecken
sich in sehr lange Wege aus, andere erweitern
sich nach allen Seiten. Auch unterscheiden
sie sich durch Gebäude, durch Aussichten, und
oft blos durch den Charakter der Gehölze,
von denen sie eingefaßt sind. Bey der einen
machen etliche nachläßige Linien von Bäumen, und bey einer andern viele, sehr verschiedene und gänzlich irreguläre Theile die
Gränze aus. Der Boden ist nirgends eben;
sondern bald stürzet er von steilen Abhängen
herab, bald macht er nur allmählige Erhöhungen, bald schlängelt er sich um mittelmäßige Anhöhen herum, bald bekömmt er
mit einer unendlichen Abwechselung eine un-
terbrochene und wellenförmige Gestalt. ---

Ein

Ein achteckigtes Sommerhaus, welches dem
Andenken des berühmten Thomſons gewid=
met, und in der Gegend, die er am liebſten
beſuchte, aufgebauet iſt, ſtehet auf dem Gi=
pfel einer ſteilen Höhe. Eine Wieſe windet
ſich durch das unten befindliche Thal, bis ſie
ſich auf beyden Seiten hinter einigen Bäu=
men verliert. Dieſem Hauſe gegen über krö=
net ein anſehnlicher Wald den Gipfel eines
großen, länglichtrunden und erhabenen Ber=
ges, und ſenket ſich an den Seiten bis an
den Fuß deſſelben herab. So wie er an der
einen Seite herabſteigt, ſo zeiget ſich die ent=
fernte Landgegend mehr oder weniger; und
hinter dem Abhange an der andern Seite er=
ſcheinen die Clenter Berge. --- Die nächſt=
folgende Oeffnung iſt klein und umzirkelt eine
auf einem Hügel aufgerichtete Rotunda, an
deſſen Fuße der Boden überall erhaben iſt.
Die Bäume, von denen ſie eingeſchloſſen iſt,
ſind groß, aber ihr Bauwerk iſt nicht ſonder=

lich

lich dichte, und weil ihre Stämme unter den
Aesten, ihre Zweige aber durch dieselben er=
scheinen, so machen sie in einem so kleinen
Platze sehr wichtige und angenehme Umstän=
de aus. Sie hat eine ganz einsame Lage,
keinen Prospect, und nur einen einzigen sicht=
baren Ausgang; und dieser ist kurz und enge,
bis zu einer mit einem bedeckten Gange ge=
zierten Brücke, die über das Ende eines Stü=
ckes von einem Flusse angelegt ist. --- Der
Hain hinter der Rotunda sondert diese von
einer großen, freyen und waldigten Oeffnung
ab, welche überdieß von einem dünnen Ge=
hölze eingefaßt, nachläßig gezieret, und mit
vielem Farnkraut überwachsen ist. Diese
Wildniß ist mitten in so vieler Schönheit und
Zierde, welche in den benachbarten Wildbah=
nen hervorleuchtet, eine wohl angebrachte
Schattierung. Uebrigens ist der Ort an sich
selbst angenehm und nirgends eingeschränkt;
man hat aus einem gothischen Gebäude am

G   Ende

Ende desselben eine perspectivische Aussicht
auf den Wald und Thurm, die sich vorhin
beyde, zugleich mit den Witchberry Bergen,
und mit einem großen Striche der Landge=
gend, von vorne zeigten. — Ein antiker
Thurm, welcher im Prospecte allezeit mit
Waldung verbunden ist, stehet gleichwohl nur
auf einem Stücke von einer Ebene, die längst
auf der breiten Höhe eines Berges hinläuft,
und sich auf beyden Seiten in einer kleinen
Strecke herablenket. Dichte Haine verste=
cken die Abhänge. Zur rechten verliert sich
die herabneigende Wildbahn gar bald unter
den Bäumen; der Absturz zur linken aber
ist steiler und kürzer, so daß ihn das Auge
bis in die Tiefe verfolgen kann. Der Thurm
hat eine Aussicht über das Ganze. Er selbst
scheint das Ueberbleibsel eines theils ganzen,
theils eingefallenen und theils mit Gebüschen
überwachsenen Schlosses zu seyn. Man kann
sich keine schönere Lage für dasselbe vor=
stellen.

stellen. Es stehet an einem freyen aber einsamen Orte, es hat einen sehr weit ausgedehnten Prospect; und ist überall ein wichtiger Gegenstand. — Am Ende des unter
demselben befindlichen Thals ist in einem finstern und aller Aussicht beraubten Winkel
eine aus Wurzeln und Moos zusammenge-
setzte Einsiedlerwohnung. Hohe Seiten und
ein dichtes von Roßkastanien verdunkeltes
Gebüsche schließen diesen abgesonderten Ort
ein. Ein schmaler Bach rieselt durch denselben hindurch, und zwey kleine Gewässer
sammlen sich in der Tiefe. Auf der einen
Seite erscheinen sie durch die Gruppen der
Bäume; die andere Seite aber ist offen,
jedoch mit Farnkraut überwachsen. Dieses
Thal macht das Ende des Parks aus; und
unmittelbar über demselben erheben sich die
Clenter Berge, in aller ihrer Unregelmäßig-
keit. — Auf der andern Seite von dem
Schlosse ist ein langer Abhang, der wie das

übrige

übrige mit vortrefflichen Waldungen bedeckt
ist; welche gleichfalls schöne, dennoch aber
sowohl von der vorigen als von allen übrigen unterschiedene, Wildbahnen umschließen.
Eine davon nimmt sich vorzüglich aus. Sie
ist mit den prächtigsten Bäumen eingefaßt,
welche alle frisch, lebhaft und so voll Blät-
ter sind, daß kein Stamm, kein Ast erschei-
net, sondern große Flächen von Laubwerk
einen wellenförmigen Umzug bezeichnen.
Der grüne Rasen ist hier so anmuthig, als
in der offenen Gegend. Keine erstaunens-
würdige Gegenstände finden hier statt; sondern alles ist in einer mittlern Beschaffenheit; alles ist sanft, ruhig und heiter; in
der angenehmsten Zeit des Tages blos mun-
ter und unterhaltend, und in den stillesten
Stunden der Nacht nicht traurig. Indessen
aber ist der Auftritt würklich ganz besonders
der Ruhe der letztern angemessen, wenn das
Licht des Mondes auf dem dichten Laub-
werke

werke des Hains zu ruhen scheint, und zugleich den Schatten eines jeden Zweiges
deutlich bezeichnet. Alsdann ist es ein reizender Zeitvertreib, hier herum zu spazieren;
das Gras und das in jenes geflochtene Ge-
webe der Feldspinnen vom Thau glänzen zu
sehen: zu horchen, und doch nichts zu hören,
das sich rührte, es müßte denn ein verwelk-
tes Blatt seyn, welches ganz langsam durch
die Aeste eines Baums herabfällt; und die
frische Abendluft zu schöpfen, ohne die Beschwerlichkeit der Kälte zu empfinden. Eine
einsame, ehemals von Pope für diesen Ort
bestimmte, und nunmehr seinem Andenken
in einer Innschrift gewidmete, Urne unter-
hält, wenn sie sich vermittelst der Strahlen
des Mondes durch die Bäume zeigt, das Nachdenken und die Verfassung, in welche die
Seele ganz unmerklich durch die übrigen
Umstände dieser reizenden Scene versetzt
wird. — Ueber die Tiefen, durch die Wäl-

G 3   der,

der, Haine und dichtere Gebüsche, wie auch
längst an den Seiten der Wildbahnen sind
kiesichte Gänge, und zwar so angelegt, daß
sie die Gemeinschaft allezeit unterhalten und
zu den Hauptscenen führen, ob sie gleich insgemein vor den Augen versteckt sind. Die
Schönheit so vieler Spazierwege, die Vielheit und der Charakter der Gebäude, und
die vortreffliche Verfassung, in welcher der
ganze Ort erhalten wird, dieses alles giebt
dem ganzen Park ein vortreffliches Ansehen.

VI. Ohne

VI.

Ohne Zweifel waren lange schon Gärten,
ehe noch an eine Gartenkunst gedacht ward,
und diese hatte schon mannigfaltige Verbesse=
rungen erhalten, ehe sie ein Recht auf eine
Stelle neben den übrigen schönen Künsten
verlangen durfte; so wie man einige Jahr=
hunderte hindurch Gebäude hatte, ohne noch
mit der schönen Baukunst bekannt zu seyn.
Auch läßt es sich nicht wohl anders denken,
als daß die Gärten anfänglich blos dem Nütz=
lichen gewidmet gewesen; und diese ihre erste
Bestimmung dauert noch in den Küchengär=
ten und Fruchtgärten fort. Diese schon an
sich wahrscheinliche Meynung wird noch durch
eine Nachricht des Plinius bestätigt, nach
welcher die ältesten Villen allein Horti ge=
nannt wurden. *) Aber da durch allmählige
Ausschmückungen und Verfeinerungen des

G 4 Nütz=

*) Plinii Nat. Hist. lib. 19. c. 4.

Nützlichen die Gartenkunst in das Gebiet des
Schönen übergegangen, und dadurch zwischen
einem gemeinen Garten und zwischen einem
Lustgarten ein wesentlicher Unterschied ent=
standen ist; so ist nunmehr diese Kunst theils
den allgemeinen Regeln des guten Geschmacks,
und theils einigen besondern unterworfen,
die aus ihrer Bestimmung hergeleitet wer=
den müssen.

Zufördest muß diese Kunst den Grund=
sätzen des Natürlichen, des Schicklichen, des
Mannigfaltigen und des Lieblichen folgen,
und alles das aus ihren Werken entfernen,
was ihnen zuwider ist; aus diesen entwirft
sie sich eine Menge von Regeln, an welche
sie sich, wie ihre übrigen Geschwister, hält.
Der Gartenkünstler muß diese Grundsätze
sorgfältig studiert, und sich dadurch ein ge=
sundes Urtheil und einen sichern Geschmack
erworben haben; überdieß aber auch ein Mann
von einem nicht geringen Genie seyn.

Da

Da die Gartenkunſt eine Nachahmerinn
der Natur iſt, und dieſe in einer abgeſonder-
ten Gegend im Kleinen verſchönert nachbil-
den ſoll; ſo erfordert ſie Aufmerkſamkeit und
fleißige Beobachtung deſſen, wodurch die Natur gefällt, einnimmt und bezaubert. Der
Gartenkünſtler muß alſo die mannigfaltigen
Gegenſtände, Bildungen und Farben der Natur bemerken; oft die ſchönſten Landſchaften
beſuchen, da nach dem Beyſpiel der Land-
ſchaftmaler lange und bedächtig verweilen,
wo ſich die Natur in ihrer feyerlichſten und
lieblichſten Geſtalt zeigt, und den Gründen
ihrer mächtigen Einwürkungen, die ſie auf
die menſchliche Seele beweiſet, nachſpüren;
auf ihre unendliche, aber allezeit ſimple,
Kunſt in der Wahl der Theile, in ihrer Anordnung, in der Vertheilung des Lichts und
des Schattens, in der Miſchung und Bre-
chung der Farben lauſchen; aber auch dazu
ein für das Schöne nicht ganz ungeübtes

G 5   Auge

Auge und besonders eine lebhafte Empfind=
lichkeit mitbringen.

Es kömmt sehr viel darauf an, daß der
Gartenkünstler sich einen guten Vorrath von
beobachteten Schönheiten der Natur gesamm=
let, und seine Phantasie mit mannigfaltigen
Bildern bereichert hat. Ohne diesen Vor=
theil wird er oft verlegen oder doch dürftig
seyn; er wird unglückliche Copien von einer
Nachahmung machen, wo er eine schöne Nach=
ahmung selbst machen könnte; und bey einer
jeden neuen Arbeit wird sein immer mehr
entartetes Werk seinen erschöpften Geist an=
kündigen. Er bereichere sich daher mit sehr
vielen und mannigfaltigen Bildern von den
Scenen anmuthiger Landschaften; er suche
sie selbst außer seinem Vaterlande, wenn die=
ses ihm zu dürftig daran scheint; und wenn
auch die Landschaftgemälde großer Meister
hier nützlich seyn können, so wird doch eine
natürliche Gegend weit leichter und lebhafter
unter

unterrichten. Ueberhaupt erwäge der Gar=
tenkünstler, daß ihn nichts mehr von seinem
wahren Beruf abführt, als Armuth an länd=
lichen Bildern, und daß ein selbst mühsam
gesammleter Ueberfluß ihm bey der Anwen=
dung nicht beschwerlich ist, vielmehr zur Ver=
schönerung seiner Wahl dienen kann.

Nach diesem muß der Gartenkünstler,
wenn er zur Nachbildung schreitet, unverrückt
auf die Bestimmung des Werks schauen, das
er liefern will. Der Garten soll nicht nur
eben den starken und dauerhaften Eindruck
angenehmer Empfindungen nach ihren man=
nigfaltigen Modificationen auf das Gemüth
machen, welchen die Natur durch den An=
blick einer reizenden Landschaft macht; er
soll auch, so viel es geschehen kann, diese
Empfindungen noch höher treiben. Dieß ist
ohne Zweifel der Beruf des Gartenkünstlers,
da er ein Nachahmer der Natur seyn soll,
und da ein solches Werk der Kunst vernünf=
tiger

tiger Weife nicht beftimmt feyn fann, wi=
drige Bewegungen zu erwecken, und in die=
fem Fall fchon das gemeine Gefühl wider fich
aufbringt. Eine reife Beurtheilung wird ihn
lehren, fowohl bey der Anlage als auch bey
der Verzierung zu prüfen, ob jeder Theil für
fich und in feiner Verbindung diefe angeneh=
me Empfindung würfen könne, wodurch die=
fer Zweck leichter und natürlicher, wodurch
er weniger glücklich erreicht, und wodurch er
ganz verfehlt werde. Eine folche fortdauern=
de Ueberlegung, verbunden mit Aufmerkfam=
feit auf die natürliche Lage und Befchaffen=
heit der Gegend, worinn er arbeitet, muß
ihn bey jedem Schritte leiten, und ihn un=
terrichten, wo er hinzufetzen, wo er wegneh=
men, und wie er alle einzelne Theile zu ei=
nem Ganzen anordnen foll, das die gehoffte
Würkung bis zu dem Grad hervorbringt, der
nur erreichbar ift. Allein nie muß das Ei=
genthümliche des Orts feinem Auge entgehen;

Die

die Beurtheilung des Charakters desselben
kann ihm manche nützliche Anleitung zur
Verschönerung geben, aber muß ihn nie zu
verwegenen Versuchen verführen, die Natur
ganz umzukehren. Der Zwang verdrängt oft
die eignen Vorzüge eines Orts; er arbeitet
wider den Charakter der Gegend Schönheiten hinein, die es hier nicht mehr sind, und
zerstört das Original durch die Bemühung,
eine Nachahmung daraus zu machen.

Wenn der Eindruck des Angenehmen als
die Hauptempfindung, für welche die Gartenkunst beschäfftigt ist, hier angenommen
wird, so ist damit nicht gesagt, daß sich ihr
nicht zuweilen andere Gattungen von Empfindungen sollten zugesellen, und eine gewisse Mischung, Milderung, oder merkliche
Abänderung veranlassen können. So wie
überhaupt einerley Art der Empfindung, wenn
sie, sich immer gleich, fortdauert, ermüdet,
so entschlummern wir selbst in dem Genuß

der

der süßesten Wollust, die uns zu lange bezaubert. Die Abwechselung oder der allmählige
Zufluß anderer Eindrücke von einer ähnlichen
oder verwandten Art erhalten die Empfindung
in ihrem wahren Leben und in ihrer Schmack-
haftigkeit. Die Modificationen einer Empfindung von der angenehmen Art, die von
den Einwürkungen der äußerlichen Dinge
herrühren, scheinen selbst der Seele so unentbehrlich, daß ihre Abwesenheit eine beklagens-
werthe Einschränkung unsrer Natur seyn würde. Es wird also die Erregung angenehmer
Empfindungen die eigentliche Bestimmung
der Gartenkunst seyn; aber sie kann die Empfindungen hinzufügen, welche einsiedlerische,
melancholische, finstre Gegenden erwecken.
Nur muß alles, was Furcht, Schrecken, oder
Grausen, als heftige unangenehme Empfindungen, würket, aus den Gärten verbannt
seyn, so viel auch einige dafür bey dem Lobe
der chinesischen Gärten geredet haben. Was

Vernun-

Bewunderung und selbst Erstaunen erweckt,
kann in großen Gärten einen Platz einneh=
men; doch müssen Gegenstände von dieser
Kraft mit kluger Wahl nur sparsam, und des
Kontrastes, und der Verstärkung der Haupt=
empfindung wegen, angebracht werden. Alle
Scenen verlangen übrigens eine solche An=
ordnung, daß sie die Bewegungen, die sich
der Hauptempfindung zugesellen, allmählig
und im Fortgange, nicht aber plötzlich und
auf einmal erregen; das Gegentheil würde
eine sehr widrige Würkung seyn. Diese
Kunst erfordert nicht wenig Beobachtung und
Genie. Die Natur stellt das Große, Me=
lancholische, Sanfte, Einsame, Lachende in
tausend Auftritten vor. Jede Art der Ge=
genstände macht nach ihrer Lage, Größe, Ge=
stalt und Farbe einen unendlich sich abändern=
den Eindruck. Alles davon aber so zu ord=
nen, und zu heben, daß die Bewegungen,
die daher entspringen, nicht sich widersprechen,

nicht

nicht sich selbst zerstören, vielmehr unter einander harmonisch vereinigt, sich verstärken,
und immer anziehend und unterhaltend bleiben — Dieß scheint für den Gartenkünstler
die höchste Anstrengung seines Genies zu seyn,
und der glückliche Erfolg davon, der mehr
von einer fruchtbaren Erfindungskraft, als
von der Erlernung einiger Regeln, zu erwar-
ten ist, verdient eine laute Bewunderung.

Um die Empfindung des Angenehmen zu
erhalten, muß der Künstler für Freyheit,
Mannigfaltigkeit und Lieblichkeit sorgen.
Die Einbildungskraft läuft über jeden engen
Bezirk, er sey so zierlich, als er wolle, unbe-
schäfftigt hinweg; sie verachtet die niedlichen
Verzierungen und ängstlichen Bestrebungen
der Kunst, und geizt nach den höhern und
freyern Scenen der Natur. Es ist demnach
bey der Anlage zuerst darauf zu achten, daß
der Gartenplatz nicht versperrt werde, sondern offne erfreuende Aussichten in die Landschaft

schaft umher gewinne. Daher keine Seite zu
verbauen oder zu besetzen, wo ein schöner
Prospekt ist, vielweniger da, wo das entzü=
ckende Schauspiel des Aufgangs und des Un=
tergangs der Sonne bequem betrachtet wer=
den kann; daher noch viel weniger eine gänz=
liche Umzingelung des Gartens mit einer ho=
hen Mauer, ein barbarischer Geschmack! Ein
von allen Seiten eingeschränkter Platz ist wi=
der die ersten Grundsätze der Gartenkunst,
und eine widrige Bewegung bemächtigt sich
unsrer, wenn wir aus einer freyen Gegend in
einen solchen Kerker treten. So wenig über=
haupt Versperrungen zu dulden sind, so wenig
darf, besonders in größern Gärten, die Ab=
zeichnung ihrer Gränze gar zu merklich in die
Augen fallen. Die Kunst weiche allmählig
zurück, und der Garten verwildere ins freye
Feld, in Wiesen, in ein Gehölz. Dadurch
bekömmt er nicht nur ein mehr natürliches,
sondern auch ein großes Ansehen. Der An

H   blick

blick des Endes eines uns angenehmen Orts
ist verdrießlich, so wie die Vorstellung, daß
man da wieder umkehren muß. Aber die
Ausdehnung der Aussicht und die Entdeckung
neuer Gegenstände in der Ferne befriedigt auf
eine fühlbare Art ein Bedürfniß unser Vor-
stellungskunst. Gehölze, die sich mit einer
zu dreisten Versperrung vorlagern, und besonders durch ihre Finsterniß ein unveränder-
liches Gefühl des Traurigen und Melancholischen erwecken, müssen nach verschiedenen
Gegenden hin durchgehauen werden; die Oeffnungen, die Zwischenräume, die gesunder
durchstreichende Luft, das Hervorschimmern
des Himmels oder eines andern Gegenstandes, alles dieses sind Vortheile, die man sich
dadurch verschaffen kann. Je mehr überhaupt
durch Verhauungen, durch Erhöhungen oder
Vertiefungen, die Gegenstände in der Aussicht vervielfältigt und abgeändert erscheinen,
je mehr dadurch der schon an sich erfrischende

und

und die Seele gleichsam ausdehnende Blick
in eine weite Ferne unterhalten wird, desto
mehr schätzen wir den Gartenkünstler, der
uns dieß Vergnügen zu schenken weiß, das
wir von der Freygebigkeit der Natur zu erhalten verwöhnt sind.

Dieser Freyheit, die in den Gärten herr-
schen soll, ist die Genauigkeit und Regelmäßigkeit zuwider, die, so gewöhnlich sie auch
ist, doch von der Gartenkunst vermieden werden muß. Nicht einmal ist sie in kleinern
Gärten erträglich, wenn gleich Home *) sie
da als eine Ausnahme zulassen will. Ein Garten muß doch wohl seinen eigenen Grundsätzen folgen, und kann nicht den Regeln eines
andern Kunstwerks, womit er in eine zufälli-
ge Verbindung gesetzt wird, unterworfen werden. Man würde sonst mit eben so vielem
Rechte fordern können, daß das Gebäude eine
unregelmäßige Figur annehmen müsse, um

H 2   Ueber-

*) Grundsätze der Kritik. 3ter Th. S. 363.

Uebereinstimmung mit der Scene zu haben,
die ihm nahe liegt. Wenn die Baukunst
Symmetrie verlangt, so verlangt dagegen die
Gartenkunst Freyheit, als etwas, das ihr,
als einer Nachahmerinn der Natur, zukommt;
das Eigenthum der einen Kunst kann nicht
der andern zugetheilt werden. Alle genaue
Abmessungen des Platzes und der Scenen auf
demselben, alle symmetrische Abzirkelungen
und Stellungen der Blumenbeete, der Hecken, der Verzierungen sind wider die Natur,
und nur ein falscher Geschmack hat sie in den
Gärten eingeführt. Je mehr die Gartenkunst
den Plan und die Anordnung zu verbergen
weiß, je regelloser und nachläßiger sie ein
schönes gefälliges Werk entworfen zu haben
scheint, desto mehr zeigt sie sich in ihrer Vollkommenheit; und hierinn weicht sie von der
Baukunst ab, die alles genau nach Maaßstab
und Zirkel bearbeitet.

Mannig-

Mannigfaltigkeit ist vielleicht in keinem
Werke der Kunst so unentbehrlich, als in einem Garten, wovon uns schon das bloße Gefühl überzeugen kann. Wie bald ist unser
Geist in einem leeren und magern Garten ge-
sättigt, und was für ein verdrüßliches Gewühl von unangenehmen Bewegungen dringt
sich uns auf! Wie verschieden sind hingegen
nicht die Eindrücke und Empfindungen, wo
Ausdehnung und Vielheit wahrgenommen
wird! Nach diesen Beobachtungen darf ein
Garten nicht in einer weiten Ebene angelegt
werden; es sey denn, daß man, außer der
nöthigen Herbeyschaffung des Wassers, darinn starke Abwechselungen und Verzierungen
anzubringen wisse, und die Natur den sicht-
baren Horizont wenigstens auf einer Seite
mit Waldungen und Gebürgen bekränzt habe.
Der Gartenplatz muß also Anhöhen, Absätze,
Vertiefungen haben, welche die Gegenstände
in verschiedenen Gesichtspunkten zeigen, und

eine

eine Abwechselung der Prospekte geben. Die
Erhöhungen sind nicht leer zu lassen, weil sie
sonst ein kahles Ansehen haben würden, sondern mit Bäumen, Buschwerk, Wasserfällen
und Gebäuden zu beleben. Das Offene muß
mit dem Verschlossenen, das Große mit dem
Kleinen abwechseln; der wesentlichen Schönheiten müssen viel, der künstlichen Verzierungen wenig seyn. Und selbst mehrere Gegenstände von einer Art müssen durch ihren
Umfang oder durch den Ort von einander
unterschieden erscheinen. Die angenehmste
Mannigfaltigkeit und Erfrischung für die
Phantasie geben die beweglichen Aussichten,
wo die Gegenstände nicht in einer einförmigen Lage, nicht in einer ewigen Stille bleiben, sondern wo der Schauplatz durch beständ-
dige Abänderungen lebendig ist, z. B. Arnd-
tefelder, Viehweiden, schiffbare Flüsse, Brücken, Landstraßen, aber diese nicht zu nahe,
in der Gegend des Gartens umher. Es
kommt

kommt nicht blos darauf an, daß der Garten
in seinem Bezirke viele und abwechselnde Gegenstände von verschiedenen Kräften habe,
sondern daß sie auch in einer solchen Verbindung erscheinen, wodurch ihre Einwürkung
eine harmonische Folge von angenehmen Be-
griffen und Empfindungen wird, die sich lange erhält, und sich gerne erneuert.

Aus der Mannigfaltigkeit entspringt schon
zum Theil Lieblichkeit; aber für diese eröff-
nen sich noch andere Quellen. Es giebt mancherley Gegenstände in der Natur, die durch
die ihnen eigene Gestalten, Farben und Bewegungen, angenehme Empfindungen von der
sanften Art erregen; die zwar nicht plötzlich
und stark begeistern, aber eine länger fort-
dauernde Unterhaltung gewähren, und bey
dem wiederhohlten Genuß noch immer etwas
gefälliges und einnehmendes behalten. Aus
der Natur dieser Gegenstände und aus ihrer
besondern Einwürkungskraft entspringt für

den

den Gartenkünstler die Pflicht, sie fleißig auf=
zusuchen, und, um ihre Würkungen zu ver=
stärken, sie mit gesundem Urtheil und Ge=
schmack zu einem neuen Ganzen zu verbinden.
Welche Anmuthigkeit hat nicht ein sanfter=
hobener Hügel, bekränzt mit Gebüsch, oder
einigen wohlgewachsenen Bäumen, hinter
welchen ein höherer Wald sein neues Laub
mit verschiedenen mildern Schattierungen
in die bläulichte Luft erhebt, tiefer am Ab=
hange herab ein kleines rieselndes Gewässer,
das, bald sichtbar, bald vom Gesträuch ver=
steckt, bald weniger, bald mehr geschwätzig,
herunterhüpft, dann zwischen Kieselsteinen
ruhiger, dann nach nahen Feldblümchen, die
im Stral der Abendsonne verschönert schim=
mern, schneller fortzueilen scheint! Aehnliche
Scenen des Lieblichen sind in der Natur häu=
fig, unter den Dichtern von einem Theokrit,
Geßner und Kleist, unter den Landschaftern
von einem Both, Elzheimer, Poelemburg,
Bril

Bril und Albani auf seinen Landhäusern nachgebildet worden; und der Gartenkünstler hat
den Beruf, diesen Vorgängern auf ihrer Bahn
nachzueilen. Er soll ein Nebenbuhler des
Landschaftmalers seyn, und er kann, wenn
gleich die Natur ihm fast mehr, als diesem,
vorgearbeitet hat, auf eine Stelle neben ihm
sich ein Recht erwerben. Nicht weniger als
der Landschaftmaler muß er die Geschicklich-
keit der Farbenmischung und der Schattierung bey der Auswahl und Stellung der Bäume, Gesträuche und Blumen besitzen; und
allerdings wäre es zu wünschen, daß jeder Gartenkünstler, wo nicht eben ein vollkommener
Maler, doch wenigstens mit dem Theil der
Malerey bekannt wäre, der in der Kenntniß
der Sympathie der verschiedenen Farben und
der verschiedenen Höhen und Tiefen in einer
jeden Art derselben besteht. Alsdann würde
er, anstatt der gewöhnlichen traurigen Ein-
färbigkeit, hoffen können, durch die Malerey

H 5   im

im Garten uns so sehr, als die Natur, zu
bezaubern. — Außer der geschickten Vermischung der Farben wird das Liebliche noch
selbst durch die Schatten erreicht, die dem
Garten so eigenthümlich zugehören, daß ihre
Abwesenheit mit Verdruß empfunden wird.
Es ist bey dieser Bemerkung leicht zu begreifen, daß der Garten Buschwerk, Bäume, natürliche Lauben haben müsse; aber die glückliche Anordnung aller schattenreichen Gegenstände ist ein Werk der gesunden Beurtheilung und des feinern Geschmacks. Nicht un-
bedächtig an unschicklichen Orten, wie z. B.
an dem Eingang oder über ein Blumenbeet,
hingeworfen, sondern an Plätzen in einiger
Entfernung, wohin ein Spaziergang und die
Hoffnung der Kühlung führt, bald stärker,
bald schwächer, wie es die Anlage des Ganzen und die von demselben erwartete Würt-
kung erfordern, z. B. an Grotten und künst-
losen Wasserfällen, müssen Schattenwerke angebracht

gebracht werden. Das Uebermaaß des Schattens aber muß im Ganzen verhütet werden,
weil es ein gar zu einförmiges und trauriges
Ansehen giebt; so wie alle die Arten von
Bäumen, die eine sehr dunkle Farbe haben,
zumal wenn sie gar zu häufig neben einander
stehen. Mäßige Schatten hingegen befördern das Liebliche nicht blos für das Auge,
sondern auch für das Ohr, indem sie einen
geliebten Aufenthalt den Vögeln anbieten,
deren Gesellschaft und Lieder so viel Aufhei-
terndes haben, daß es nicht zu begreifen ist,
wie so manche Eigenthümer der Gärten sich
dieses Vortheils durch die Entfernung alles
Schattigten berauben können. — Fließendes
Wasser giebt überhaupt einen erfrischenden
Anblick, und ein Garten kann von einem kleinen vorübereilenden Fluß oder einem nahen
Wasserfall viele Annehmlichkeiten gewinnen.
Schon in der Ferne gefällt ein Gewässer; es
belebt eine ganze Landschaft, erheitert den

Schatten,

Schatten, und nimmt nach seiner Lage, Ausdehnung und Gestalt mancherley vortheilhafte
Verbindungen mit andern Gegenständen an.
Seine Größe, die verschiedenen Arten seiner
Bewegung, und die besondern Eigenschaften,
die es von dem Charakter der Gegend und
der Lage annimmt, haben zusammen eine
Kraft, mannigfaltige angenehme Eindrücke
auf die Seele zu machen. *) Weit mehr An-
muthiges hat der geschlängelte oder gekrümmte Lauf eines fließenden Wassers, als ein in
gerader Linie gezogener Graben, worinn es
verschlossen seinen einförmigen Weg zu nehmen gezwungen ist. Ein Bach hin und her
an schickliche Stellen hingeleitet, bald stärker fließend, bald sanft dahinschleichend, hier
offen und hervorschimmernd, dort verlohren,

hier

*) Einzelne vortreffliche Bemerkungen über diesen
 Punkt, die ich hier nicht wiederholen will, fin-
 det man in den Betrachtungen über das heutige
 Gartenwesen ꝛc. S. 74. 75. 109 = 112.

hier flach, dort mit höhern Ufern von grünem
Rasen oder mit überwölbendem Buschwerk
bekleidet, bildet eine der angenehmsten Scenen, die wider Vermuthen nur selten in den
Gärten gefunden wird. Sie läßt zugleich
eine der schönsten Verzierungen, nämlich kleine Brücken, zu, die einen solchen Platz dem
Mannigfaltigen und dem Freyen der Natur
näher bringen; und das eine holde Melancholie einflößende Gemurmel der Wasserfälle,
die man von den Bächen mit leichter Mühe
anlegen kann, ist doch wohl auch etwas werth.
Die Gärten der Schweiz haben von dieser
Seite viele Vorzüge, da die in diesem Lande
so freygebige Natur ihnen von den Bergen
fast überall den nöthigen Vorrath von Wasser
zurinnen läßt.

Ueberhaupt muß der Gartenkünstler die
Natur sorgfältig zu Rathe ziehen, nichts unternehmen, wozu sie ihm nicht in ihren vortrefflichen Vorbildungen ein Geheis oder
doch

doch eine Art von Erlaubniß gegeben hat,
und, bey der Absicht zu verschönern, sich hü=
ten, daß er nicht auf künstliche Verunstal=
tungen falle. Er lerne dabey beurtheilen,
was sich jedesmal für den Platz, den er bear=
beitet, am besten schickt, und was sich mit
aller Mühe nicht aus ihm machen läßt. Er
bedenke, daß kleine Nachläßigkeiten, die ste=
hen bleiben, weit mehr werth sind, als eine
mühsame auf jedes Pünktchen ausgebreitete
Genauigkeit, und daß es mehr sein Beruf
ist, das vorhandene Schöne zu erhöhen, als
etwas neues durch kostbare Anstalten hervor=
zuschaffen. Er unterscheide endlich, was sich
in größern und was sich in kleinern Gärten
schickt, da durch die gemeine Sorglosigkeit
in Ansehung dieses Unterschiedes vielfältige
Dinge, die sich in einem weiten Raum aus=
nehmen, auf einem eingeschränkten Platz an=
gebracht, nichts anders als kindische Spiel=
werke werden. Kleinen tändelnden Geistern

ist

ist es erlaubt, die äußern Wände ihrer Häu=
ser bunt zu befärben, und auf einen Platz
von hundert Schuhen Lauben, und Hecken,
und Blumenbeete, und Springwasser, und
Statüen, wie in einem niedlichen Puppen=
schrank, neben einander zu stellen. Aber
dem Gartenkünstler, dem Sohn der Natur,
kommt es zu, sich nicht einen Schritt von
seiner Würde zu entfernen.

VII. Die

VII.

Die Anordnung der einzelnen Theile, die in einem Garten ein natürliches Ganze ausmachen sollen, und wodurch er vornehmlich ein Werk der Kunst von einem bestimmten Eindruck wird, erfordert nicht wenig Genie, allgemeine Wissenschaft des Schicklichen, bedächtige Ueberlegung, und ein feines Gefühl, die den Gartenkünstler immer dahin begleiten, wo er wählen, und wo er verbinden soll. Die Würkung davon ist, daß jeder Theil den Ort, die Stellung, die Gestalt, die Ausbildung, die Verbindung mit allen angränzenden Gegenständen erhält, die ihm nach seiner Natur und nach seiner besondern Bestimmung zukommen, und daß eben dadurch der Garten Harmonie und vollständige Kraft gewinnt, einen unfehlbar angenehmen Eindruck zu machen, und keine Bewegung entsteht, die nicht von gleicher Art ist.

Diese

Diese Anordnung ist eine der wichtigsten Beschäfftigungen für den Gartenkünstler, und nicht ohne Schwierigkeit. Die Natur, seine Lehrerinn, arbeitet im Großen, er im Kleinen; sie kann ihren Plan leichter verbergen, er hingegen braucht dazu Mühe, ihm das Ansehen der Kunst zu benehmen, das, wenn sein Werk nicht mißfallen soll, versteckt seyn muß. Der fast allgemeine schlechte Geschmack in Gärten, der wie jede andre Mode tyrannisirt, thürmt vor seinen Entwürfen neue Hindernisse auf. Indessen können ihm vielleicht einige Regeln auf die Bahn, die er zu nehmen hat, hinwinken; sie breiten sich zufördersst über einige nothwendige Theile aus, da den Verzierungen noch ein besonderer Platz vorbehalten ist. Die geschickte Anwendung dieser Anmerkungen ist allein die Sache des Gartenkünstlers.

Der Eingang des Gartens soll nicht rauh, nicht verwachsen, sondern frey und anmuthig seyn,

J

seyn, und einen gewissen Vorgenuß von dem
verschönerten Schauplatz der Natur geben,
zu welchem er führt. Er soll, ohne Pomp
und ohne Ueppigkeit, die Erwartung des An=
genehmen erregen.

In dem Garten selbst müssen die Partien,
die am meisten den Würkungen des Ganzen
ein bestimmte Richtung geben, oder einen
schnellen bezaubernden Eindruck machen kön=
nen, nicht versteckt werden, sondern frey ins
Auge fallen; daher keine Verbergung einer
reichen Blumenflur hinter Hecken oder Ge=
sträuchen. Hingegen ist die Gartenkunst be=
rechtigt, alle Fehler eines Platzes und solche
Vorwürfe, die einen mißfälligen Eindruck
machen, zu verstecken, und dazu können oft
Hecken und Buschwerk dienen. Doch muß
dadurch nicht immer, wie sich manche einzu=
bilden scheinen, ein anliegender Küchengar=
ten verzäunt werden; er darf sich frey zeigen,
wenn er sonst nur Reinlichkeit und Ordnung
hat.

hat. Außer den Scenen der Geschäfftigkeit
ergötzt er durch den Anblick der gegenwärti=
gen und durch die Erwartung der künftigen
Früchte.

Die ganze Anordnung muß so eingerichtet
seyn, daß man auf einmal vieles, aber nicht
alles übersehe, und daß der reiche Genuß des
Nähern von der Erwartung des Entferntern
begleitet werde. Der Gedanke, daß man sich
mit der augenblicklichen Vorstellung begnü=
gen soll, und nichts mehr zum frohen Anblick
übrig ist, überliefert die Seele einer verdrüß=
lichen Bewegung. Leicht ist es daher zu be=
greifen, daß ein Garten, um unterhaltend zu
werden, entweder geräumig und ausgedehnt
seyn, oder diesen Mangel durch mancherley
Erhöhungen oder Vertiefungen ersetzen muß.

Freye begraste Pläße und Blumenbeete
dürfen weder in Quadrate noch in andre Fi=
guren mit einer gar zu künstlichen Genauig=
keit abgezirkelt werden, wie schon bemerkt

J 2   worden.

worden. Die gewöhnliche Regelmäßigkeit in
diesem Punkt wird gar zu leicht ekelhaft,
weil sie das Natürliche in einem hohen Grade
beleidigt. In größern Gärten nehmen sich
weitausgedehnte Rasen vorzüglich aus. Der
ungleiche Boden vermehrt ihre Schönheit.
In den englischen Parks laufen sie über Hügel, die auf der einen Seite mit Bäumen
bepflanzt sind, breiten sich zwischen vorliegen-
den Waldungen aus, verlieren sich hier in
dem dunkeln Schatten der Bäume, und kommen dort an lichten Stellen wieder hervor;
ein sehr malerischer Anblick!

Wenn es gleich einige wollen, so sind doch
gerade laufende Gänge nicht immer zu ver-
werfen, da sie nicht wider die Natur sind,
und einen reizenden Prospekt bilden helfen
können. Nur würde ein Garten, der blos
solche Gänge hätte, zu geziert und einförmig
seyn. Verborgene und gekrümmte Gänge,
doch ohne plötzliche Wendungen, treten indessen

deſſen der Natur näher, und können oft an=
genehmer ſeyn. Ihre Breite muß weder ſo
enge ſeyn, daß nicht zwo bis drey Perſonen
neben einander gehen könnten, noch, wo
nicht zur Abwechſelung ein freyer Platz er=
ſcheint, ſo groß, wie eine befahrne Landſtraße.
Gänge, die immer in der Ebene bleiben, er=
müden; ſie erheben aber die Seele, und ver=
ändern die Ausſicht, wenn ſie abwechſelnd
allmählig auf künſtliche Anhöhen oder natür=
liche Hügel führen. In einigen Luſtgärten
des Königs von Frankreich iſt hie und da,
wiewohl noch immer zu ſelten, von ſolchen
erhöheten Gängen etwas angebracht. Aber
auch von dieſer Seite werden ſie weit von
den brittiſchen Parks übertroffen.

Nicht auf einer Anhöhe, zumal wenn über
ſie keine andere reicht, ſondern in der Ebene
müſſen Blumenbeete angelegt werden, wo
ſie für das Auge eine beſſere Würkung thun,
beſonders von einem etwas erhabenen Orte

betrach=

betrachtet. Sie nehmen nicht blos leeren
Plätzen das Oede, sie bezaubern auch rings
um sich her durch die Schönheit, Abwechselung, und Mannigfaltigkeit der Farben, die
oft der eifersüchtigen Kunst unerreichbar sind.
Man hat bey der Stellung der Blumen so
wohl auf eine vortheilhafte Mischung derselben nach Beschaffenheit ihrer Höhe, Größe,
und Farben, und auf die Hervorbringung einer angenehmen und harmonischen Malerey
zu sehen, als auch dafür zu sorgen, daß, da
schon die Natur einem jeden Monat seine
Geschlechter angewiesen hat, das Blumenbeet
niemals ganz leer werde. *)

Lauben

---

*) Eine Menge von Regeln für die Pflanzung und
Pflege der Blumen geben die vielen Gartenbücher
und unter ihnen wohl am besten Bradley in den
nouv. Obf. fur le Jardinage &c. 3 Tom.
Paris 1756. Ein vollständiges Verzeichniß von
Schriften über die Gärtnerey ist in dem 2ten Th.
des Hausvaters des vortreflichen Hrn. Landdro-
sten

Lauben sind der Kühlung, der Ruhe, und dem erquickenden Genusse schöner Aussichten gewidmet. Sie müssen nicht auf leeren Plätzen, nicht zu häufig, nicht in symmetrischer Ordnung, sondern einzeln, mit Abänderung, und an etwas erhabenen Stellen, die freye Prospekte in die Ferne geben, angelegt, aber auch von keinem zu nahen Getöse beunruhigt werden. Hölzerne rothgefärbte Häuschen aus dem Garten an die Landstraße hingebaut, oft mit Gucklöchern, anstatt der Fenster, verziert, sehen einem Wachthause ähnlicher, als einem Lusthause, so beliebt sie auch um große und kleine Städte her sind, und machen einen desto widrigern Eindruck, je mehr sie öffentlich in die Augen fallen.

Bey den Hecken ist nicht allein zuerst darauf zu sehen, daß sie ein frisches und lebhaftes

J 4   Grün

sten von Münchhausen zu finden. Er giebt an die zweyhundert an. So viel von der Gärtnerey, und dagegen so wenig von der Gartenkunst!

Grün haben, sondern auch, daß sie in einer
Art von Wildniß, die an die Natur gränzt,
gezogen werden. Um ein etwas nachläßiges
Ansehen zu behalten, müssen sie nicht gar zu
sorgfältig geschnitten, noch viel weniger durch
abgeschmackte Umformungen in menschliche
oder thierische oder andere Gestalten verkün=
stelt werden; eine Gewohnheit, die kaum in
den rohesten Zeiten. Nachsicht finden sollte.
Bey der Mannigfaltigkeit des hellern und
dunklern Grüns wird der Künstler zu sorgen
wissen, daß nicht gerade an einer Stelle gar
zu sonderbar abstechende und von einander
zu sehr entfernte Grade sich vergesellschaften,
sondern daß eine allmähliche Fortschreitung
in den Schattierungen und eine sanfte Ver=
bindung der tiefen Stufen mit den mittlern,
und dieser mit den höhern zu einem ergötzen=
den Schauspiel für das Auge hervorgebracht
werde. Außerdem dürfen Hecken nicht zu
häufig, noch durch den ganzen Garten gleich
hoch

hoch seyn, weil sie ihn sonst zu einförmig,
dumpfigt und traurig machen würden. *)

· Etwas übertriebenes ist es in der brittischen Gartenkunst, daß sie die Obstbäume,
die nicht nur das Verdienst des Nutzens, sondern auch in den Farben der Blühte und der
Früchte die Empfehlung des Angenehmen haben, aus den größern Gärten verbannt, wenigstens lieber wilde Bäume aufnimmt. Auch
die Alleen, die sie nicht dulden will, streiten
nicht gerade wider das Natürliche. Der
Wald ordnet seine Bäume nicht selten mit
einer scheinbaren Kunst. Und eine lange Reihe gerader Bäume kann, außer dem Vortheil
des Schattens und der Bedeckung vor dem
Regen, so wohl am Ende, als auch an den
Seiten mannigfaltige Aussichten bilden, die

J 5 sonst

*) Die zu Lusthecken geschickten Arten von Bäu-
men und Stauden s. m. im 3ten Th. des Hausvaters. Man vergleiche damit in den Betrachtungen über das heutige Gartenwesen ꝛc. S. 34-
42. S. 72 und 73.

onst nicht so reizend seyn würden. Indessen
da der Garten sich der angenehmen Sorglo=
sigkeit der Natur nähern soll, so wird der
auf gewisse Weise fehlerhaft seyn, der nichts
als lauter neben einander laufende Alleen hat.
Sie verrathen, auch wenn sie nicht die Aus=
sicht einschränken, doch zu sehr das Gekün=
stelte, und müssen, um es zu verbergen, we=
nigstens mit freyen offenen Plätzen, mit einer
kleinen Gruppe von Fruchtbäumen, oder mit
einem Buschwerke abändern. Vorzüglich sind
die ehemals in den Gärten der Römer übli=
chen Ordnungen der Bäume noch einer Nach=
ahmung werth; nicht allein sind sie näher
mit dem Natürlichen verwandt, sie dienen
auch zur mehrern Vervielfältigung der Aus=
sichten.

VIII. Un=

VIII.

Unter allen schönen Künsten verträgt die
Gartenkunst ihrer Natur nach am wenigsten
den Ueberfluß und den Pomp der Verzierun=
gen, und doch ist sie gerade diejenige, die der
herrschende Geschmack damit am meisten ge=
mißhandelt hat. Es ist fast kein Spielwerk
des kleinen Witzes, kein Auswurf eines phan=
tastischen Kopfes, den man nicht in den Gär=
ten aufgenommen, und, als wenn er da recht
an seiner Stelle wäre, hartnäckig zu beschü=
tzen gesucht hätte. Die Natur hat oft die=
sen Tyranneyen so sehr weichen müssen, daß
kaum noch eine Spur von ihr übrig geblie=
ben. Diese Sache verdient einige Erläute=
rungen.

Es giebt in den Gärten Verzierungen vom
kleinen Kram, die so abgeschmackt sind, daß
man ihrer kaum mit mehr als einem Worte
erwähnen darf. Dahin gehören die buntge=

färbten

färbten Steinchen, Porcellänstücke, Glasschei=
ben, Marmortäfelchen, künstliche Muscheln
u. f. w. womit man allerhand Figuren zu bil=
den, oder die Parterre, anstatt der Blumen,
auszulegen pflegt. In diese Klasse gehört die
in verschiedenen italiänischen Gärten herr=
schende Mode, selbst die Gänge mit schwar=
zen und weißen Kieseln, die Figuren dar=
stellen, zu pflastern; die Vexierwasser; die
Maschienen, welche den Schall der Posaunen
oder den Knall der Racketen nachahmen; die
Wasserorgeln, und andere Spielwerke, die
vornehmlich der Italiäner und der Holländer
liebt. Dieß sind Scenen, worüber sich das
Kind freuet, und wovon der verständige
Mann sein Auge voll Verdruß wegwendet.
Andere Verzierungen sind von einer höhern
Art, und verdienen desto mehr eine Prüfung,
da sie durch die Kunst und den Geschmack in
der Arbeit schon allein gefallen können, und
durch den Vorzug, den ihnen einige der be=
                                          rühm=

rühmteſten Gärten eingeräumt, eine neue
Empfehlung erhalten haben. Wir wollen ei=
nige der merkwürdigſten Verzierungen dieſer
Art erſcheinen laſſen, und ſehen, ob und un=
ter welcher Bedingung ſie ſich in den Gärten
ſchicken.

Wenn die Gartenkunſt auch nicht ſchlech=
terdings alle Verzierungen verwirft, ſo wird
man doch auch ſo viel zugeben, daß dieſe Ver=
zierungen zufördersſt dem weſentlichen Cha=
rakter der Gärten gemäß, von eben der Sitt=
ſamkeit und der edlen Simplicität, die dem
Hauptwerk eigen iſt, und dabey fähig ſeyn
müſſen, die Würkung des Ganzen durch an=
muthige Nebenideen zu erhöhen, nicht aber
den Eindruck zu verwirren, welches geſchie=
het, wenn ſie widerſprechend oder zu häufig
ſind. Läßt man dieſe ohne Zweifel richtige
Grundregel gelten, ſo wird es nicht ſchwer
ſeyn, den Werth oder Unwerth der gewöhnli=
chen Gartenverzierungen zu beurtheilen.

Die

Die Schönheit der Grotten gründet sich
nicht allein auf den Ort, der ihnen angewie=
sen wird, sondern auch auf ihre Einrichtung
und mehr nachläßige als sorgfältige Zusam=
mensetzung. Sie verlangen einige Entfer=
nung von dem öffentlichen Anblick, eine ein=
same und schattigte Lage, weil sie ihrer Na=
tur nach Melancholie und Nachdenken ein=
flößen, in der Nachbarschaft eines murmeln=
den Gewässers, bey rohen Felsen und Busch=
werk. Nur darf der Ort nicht eben, wie
manche glauben, ganz versperrt und aller
Aussicht beraubt seyn. Die innere Einrich=
tung muß die größte Einfalt und einen An=
strich von dem Nachläßigen und Unordentli=
chen haben, welches die Natur mit einer ge=
wissen bedächtigen Sorglosigkeit liegen zu
lassen scheint. Die schönsten Basreliefs von
Muscheln sind hier Fehler. Nichts wider=
spricht mehr dem gesunden Geschmack, als
Grotten, die in gerader Linie gegen ein Blu=
menbeet

menbeet hervorstechend angelegt sind, oder
an allen Ecken des Gartens offen in die Au=
gen fallen, oder beym Eingang mit künstli=
chen Treppen und Säulen, inwendig mit
Malereyen, geschmückt sind; eine Mode, die
noch in vielen Gärten geschätzt wird. Alle
gekünstelte und sorgfältige Nachbildungen,
symmetrische Anordnungen, wie bey den be=
rühmten Grotten dü Meudon und Vaux, die
von Architectur strotzen, sind wider die An=
weisung der Natur, die solche kleine Werke
nicht mühsam ausbildet, sondern nur flüch=
tig entwirft. Endlich müssen Grotten sehr
selten angebracht werden, weil sie sich selbst
in ihrer natürlichen Heimath, in gebürgigten
Gegenden, nur selten zeigen.

Gitterwerke, besonders die von einer sehr
künstlichen Arbeit, sind größtentheils in Gär=
ten überflüßig; doch mögen sie sparsam, nicht
zu hoch, und an einem schicklichen Orte z. B.
vor dem Eingang einer Baumschule, ange=

bracht,

bracht, zu einigem Zierrath dienen, nicht
aber, wie wohl andere vorgeschlagen haben,
auf einem offnen und freyen Platze. Sie sind
eine Nachahmung der natürlichen Zäune oder
vertreten doch ihre Stelle. Zum Anstrich
schickt sich nicht das Rothe, das man so oft
zu wählen pflegt, sondern das Grüne für sie.

Es ist nicht zu läugnen, daß gute Statüen
in den Gärten, mit Einsicht gewählt und gestellt, dem Auge und der Einbildungskraft
manche angenehme Unterhaltung mehr geben,
manche süße Empfindung mehr erwecken, etwas gesellschaftliches haben, und überhaupt
die Anmuth eines Platzes auch für Zuschauer
von geringerm Geschmack erhöhen können.
Sie gehören in dieser Absicht zu den anständigen Verzierungen der Gärten, ob sie gleich
sehr entbehrlich sind. Indessen pflegt man
in diesem Punkt gemeiniglich Fehler zu be-
gehen, so wohl wider die edle Einfalt der
Gärten, als auch wider den Charakter des Orts.

Es

Es giebt Gärten, worinn der Künstler oder
Eigenthümer es als eine vorzügliche Schönheit angesehen zu haben scheint, daß eine
Statüe die andere berührt, und wo die ge-
drängte Menge derselben macht, daß man den
Ort, der dadurch unkenntlich geworden, ver-
gißt, und sich in eine Gallerie versetzt glaubt.
Dieses Uebermaaß widerspricht den ersten Regeln der Schicklichkeit und der Simplicität,
wenn auch übrigens die zu häufigen Statüen
vom schönsten Stil wären, und selbst zwischen
ihnen und dem Orte kein Widerspruch bemerkt würde. Das andere Vergehen läuft
wider den Charakter der Scene, und ist noch
gewöhnlicher. Es werden Statüen aufgestellt, die nicht allein gar keine Verwandschaft
mit den Ideen und Empfindungen haben, die
ein wohlangelegter Garten erwecken soll, sondern die auch jeden Eindruck davon stören
helfen. Einem begeisterten Liebhaber mag
es gleich viel scheinen, ob er ein Werk aus

K   dem

dem besten Zeitalter der Kunst in einem Ka-
binette, oder in einer Gallerie, oder auf irgend einem offenen Platz betrachten kann.
Aber hier muß doch die Sache aus dem wahren Gesichtspunkt angesehen werden. Es ist
nicht zu begreifen, was die Bildsäulen des
Jupiter, Neptun, Mars, Herkules, der Juno, Minerva und verschiedener andern, deren
ausführlichste Mythologie noch immer in einer
weiten Entfernung von der Natur und dem
Gebrauch eines Gartens liegen bleibt, an einem solchen Orte bedeuten sollen. Eine geringe Betrachtung wird sie zu den unüberleg-
ten Zierrathen hinstellen, die auch eine allgemeine Mode und der Beyfall des größten
Haufens nicht rechtfertigen kann. So hat,
um nur ein Beyspiel von einer ähnlichen Art
anzuführen, der ludovisische Garten zu Rom,
der für einen der schönsten in Italien gehalten wird, so gar Statüen, die gefangene bar-
barische Könige und selbst den Nero vorstellen.

Man

Man hat diesen falschen Geschmack noch weiter getrieben; man hat mehr als einmal den Neptun in einer Allee und den Vulkan nicht weit von einer Fontaine hingestellt, und ist gerade in den Fehler gefallen, den Horaz rügt:

Qui variare cupit rem prodigialiter unam,
Delphinum silvis appingit, fluctibus aprum.

Es ist nicht der Mühe werth, sich weiter bey solchen Auswüchsen einer ungesunden Beurtheilungskraft aufzuhalten, und zu zeigen, wie elend sie sind. Für die Beybehaltung einiger andern Statüen des Alterthums läßt sich indessen ein Wort reden, vorausgesetzt, daß die Arbeit gut ist, und daß sie mit Schicklichkeit gestellt werden. Wer wird sich eben beleidigt finden, wenn er neben einem Blumenbeete die Flora, den Bacchus bey einem Weingeländer, unter den Früchten die Pomona, in einem in Gehölz und Waldung verwildernden Gebüsch die Diana, an einem

zum

zum Baden bequemen Ort eine Gruppe der Venus, ihrer Nymphen, und Liebesgötter, belauscht von einem Satyr, erblickt? Selbst die personificirten angenehmern Jahreszeiten, die Göttinn des Friedens, des Ueberflusses können als schickliche Verzierungen eines Gartens angesehen werden. — Seit einiger Zeit haben die Engelländer angefangen, in ihren Gärten Statüen berühmter Männer ihrer Nation aufzustellen. Das Verdienst hat allerdings einen Anspruch auch auf eine solche Art von Belohnung. Der Nachkömmling verweilt vielleicht vor dem Bildnisse, überdenkt eine ganze Reihe von schönen oder großen Thaten oder Bestrebungen, wird gerührt, hingerissen zur Nacheiferung, vergießt wohl selbst eine Thräne, die den aufkeimenden edlen Entschluß befruchtet; vielleicht giebt auch die Einsamkeit, die hier rings umher und mehr als anderswo herrscht, seiner Betrachtung mit der Ruhe mehr Stärke, und beschleunigt die

Thä-

Thätigkeit. Wenn dieses auch nicht immer
die Würkung der Bildnisse verdienstvoller
Männer ist, so kann sie es doch seyn, und ist
es oft gewesen, wo, anstatt eines flüchtigen
Begaffers, ein empfindsamer Betrachter hin-
zutrat. Indessen gehören den Statüen der
Helden, der Patrioten, der Verbesserer, der
Aufklärer des Vaterlandes mehr freye als
verborgene Scenen; sie scheinen schicklicher
auf öffentlichen Plätzen in den Städten, um
die Schlösser der Fürsten, um die Palläste
der Großen her, wo die Würde des Orts ihrem Charakter beystimmt, und sie dem Volke
mehr ins Auge fallen. In den Gärten würden Statüen der Dichter, welche die schöne
Natur besangen, und der Landschaftmaler an
ihrer Stelle seyn. Sollte dieser Gedanke
irgendwo einige Anwendung finden, so wird
der Deutsche doch wohl so patriotisch gesinnt
seyn, seinem Genius vor auswärtigen den
Vorgang zu lassen. — In kleinen Gärten

aber

aber sind keine Statüen anzurathen; sie
erfordern so wohl Verzierungen, als auch,
um von einer glücklichen Würkung zu seyn,
Pläße, die ausgedehnt und mit mannigfaltigen Gegenständen bereichert sind. Weil man
an diese Regel nicht dachte, und es dabey
für gleichgültig hielt, ob die Figuren groß
oder klein wären, so hat man in manchen
adelichen Gärten aus den Statüen ein bloßes Märionettenspiel gemacht.

Andere in größern Gärten gewöhnliche
Verzierungen sind ganz von der Beschaffenheit, daß sie sich gar nicht mit dem Charakter,
der einem Garten als eigenthümlich zugehört,
vereinigen lassen. Was sollen Triumphbö-
gen, Obelisken und andere Arten von Pfei-
lern in einem Garten, auch wenn er sich mit
der Größe seines Besißers hebt? Diese Gegenstände gehören für öffentliche Pläße, ver-
nehmlich für solche, die in der Nähe prächti-
ger Gebäude liegen, wo sie den Eindruck von
Würde,

Würde, Erhabenheit und Regelmäßigkeit ver=
stärken können. Aber mit der Bestimmung
und der edlen Simplicität der Gärten har=
monieren sie nicht. Ein Triumphbogen in
einem Garten ist beynahe das, was eine grü=
ne Laube mitten auf einem öffentlichen Platz
in der Stadt seyn würde. Vasen und Ur=
nen, zumal an einem freyliegenden Orte oder
um ein Blumenbeet, stellen einen abgeschmack=
ten Auftritt dar. In öden und schattigten
Gegenden eines sehr ausgedehnten Gartens
mögen sie eine Stelle erhalten; sie mögen
da die Bewegung einer sanften Melancholie
etwas verstärken, wenn sie nur nicht gar zu
häufig angebracht, und durch den Mangel
der nöthigen Merkmale von einer unbestimm=
ten Bezeichnung sind.

In sehr ausgedehnten Gärten machen Ge=
bäude eine nicht geringe Zierde aus. Aber
sie können nicht blos zur Anfüllung eines Pla=
tzes, nicht blos zur Bezeichnung oder zur Ver=

K 4   schö=

schönerung der Prospecte dienen, welches in
der That eine zu unerhebliche Bestimmung
seyn würde; sie können nicht bloße Gegen=
stände, sondern müssen Gegenstände von einer
bestimmten Bedeutung seyn, und einen Cha=
rakter haben, der mit dem Charakter so wohl
des Landes, als auch des besondern Orts,
den sie einnehmen, harmonirt. Sie sind
sehr geschickt, den Charakter der Scenen nicht
blos deutlicher anzuzeigen, sondern ihm auch
einen stärkern Nachdruck zu geben, und einen
Anstrich, der sich schnell über das Ganze ver=
breitet. Sie können die Anmuthigkeit, die
Melancholie, die Einfalt der Auftritte, un=
ter welchen sie liegen, ungemein erheben.
Man hat aber nicht blos auf die Lage, son=
dern auch auf die Art der Gebäude selbst zu
achten; eine Einsiedlerwohnung auf einem
freyen Platze würde eben so unschicklich seyn,
als eine türkische Moschee in unsern Gärten.
Wenn gleich einigen Britten die Vermen=

gung

gung der mancherley ausländischen Bauarten
in ihren Parks gleichgültig scheint, so fallen
sie doch dadurch in einen offenbaren Widerspruch, und dieser Widerspruch erweckt, so
bald er empfunden wird, eine ganze Folge
von verdrüßlichen Bewegungen in der Seele.
Die Tempel, welche sie in ihre Parks eingeführt haben, können, wenn man nicht in das
Unschickliche fallen will, in kleinen Gärten
schlechterdings nicht nachgeahmt werden.
In den weiten und herrlichen Parks Britan-
niens, auf Anhöhen in den Hainen, in einsamen und feyerlichen Gegenden thun sie eine
treffliche Würkung, indem sie den Eindruck
des Edlen und Großen verstärken. Wenn sie
gleich nach unsern veränderten Religionsbe-
griffen einen Theil ihres Interesse verlohren
haben, so können sie doch durch die Architectur, die Lage, und die Verbindung mit
andern Gegenständen noch immer von einer
guten Einwürkung seyn. Sie verlangen übri-

gens

gens einen Ort, der dem mythologischen Cha=
rakter der Gottheit, der sie gewidmet sind,
nicht widerspricht, und sind den Gesetzen der
schönen Baukunst unterworfen. Die Tem=
pel der Venus, der Mutter der Erzeugungen,
des Bacchus, des Pans, der Freundschaft, der
alten Tugend, der Muse des Hirtengedichts,
wie in dem berühmten Park zu Stow in En=
gelland, sind mehr dem Charakter der Gär=
ten gemäß, als die Tempel der Juno, des
Mars und andrer, auch wenn diese als bloße
Gegenstände, und des Prospekts wegen, auf=
geführt werden sollten. Die chinesischen
Tempel, die man in verschiedenen brittischen
Parks antrift, beweisen, daß man oft bey der
Aufnahme eines fremden Geschmacks mehr
aufnimmt, als man aufnehmen sollte. — Ei=
ne reinliche Fischerhütte an einem vorüberflie=
ßenden Gewässer, sollte sie nicht an diesem
Orte mehr gefallen, als der herrlichste Tem=
pel, weil sie hier mehr natürlich ist?

Künstlich

Künstlich hingelegte Ruinen von Gebäu=
den in Gegenden, wo niemals solche Gebäude
gestanden haben, können nur eine kurze Täu=
schung hervorbringen; der Betrug entdeckt
sich bald, und der Eindruck ist verschwunden.
Auf einer Reise durch Italien und Großgrie=
chenland in der angenehmen Gesellschaft ei=
nes Volkmann und Riedesel läßt man sich
gerne von ihnen zu den Ruinen hinführen,
die auf dem Grund und Boden des Alterthums
liegen; aber in einem englischen Park die er=
künstelten Ueberbleibsel eines Gebäudes, das
zu Athen stand, und dessen Reste nur da ge=
sucht werden können, welcher Widerspruch des
Gegenstandes, des Orts und der Zeit! Und
welche Würkung, die daher entspringt! Will
man Bilder der Zerstörung aufstellen, warum
denn eben so weit gesuchte? Warum nicht lie=
ber die, welche die Natur anbietet, und wel=
che der Gegend eigenthümlich sind? Wo würk=
liche Ruinen, auch gothische, vorhanden sind,

da

da mag man sie liegen lassen. Aber auch so=
dann kein künstlich zubereiteter, kein geschmück=
ter Zugang zu ihnen. Nach steilen oder ver=
wilderten Wegen unerwartet erblickte Trüm=
mer und Gemäuer beschäftigen die Phantasie
auf eine fühlbare und nützliche Art. Zurück=
erinnerung an die vergangenen Zeiten, und
ein gewisses mit Melancholie vermischtes Ge=
fühl des Bedauerns, das diese Zurückerinne=
rung begleitet, sind die allgemeinen Würkun=
gen der Ruinen. Aber diese Würkungen kön=
nen von dem besondern Charakter, von dem
verschiedenen Alter, von der vormaligen Be=
stimmung, von der oft deutlichen, öfters un=
gewissen Einrichtung und Gestalt, von der
Lage, von den hie und da halb vertilgten Auf=
schriften eines verfallenen Gebäudes und von
andern Umständen, die auf Begebenheiten
und Sitten hinwirken, mannigfaltige Modi=
ficationen annehmen. So erwecken die Rui=
nen eines Bergschlosses, eines Klosters, eines

alten

alten Landſitzes ſehr abgeänderte Bewegun=
gen, noch mehr abgeändert durch die Betrach=
tung der Zeit und anderer Umſtände, die an
ſich ſo vielfältig unterſchieden ſeyn können.
Wenn alſo Ruinen, die in einer Gegend
würklich vorhanden ſind, in einen Garten=
platz, der freylich nicht eingeſchränkt ſeyn muß,
hineingezogen werden; ſo wird ein geſchickter
Gartenkünſtler ſie nicht blos mit dem Ganzen
in eine gute Verbindung zu bringen, ſondern
auch ihre Würkungen zu erhöhen wiſſen, z.
B. durch Unterbrechungen oder Umwölbungen
mit Bäumen und Gebüſchen, die ihnen zu=
weilen ſchon die Natur gab.

Wenn auch die Gärten ſo wohl aus Be=
dürfniß, als auch zur Verſchönerung Waſſer
erfordern, ſo ſcheinen doch emporſteigende
Waſſerſäulen etwas gar zu gekünſteltes zu ha=
ben. Waſſerfälle gränzen weit näher an das
Natürliche, zumal wenn ein etwas roher Fel=
ſen, worüber das Waſſer ſtürzt, zum Grunde
liegt,

liegt, dabey auch nicht ein solches Uebermaaß
von üppigen Verzierungen und symmetrischen
Künsteleyen, wie z. B. bey den berühmten
Cascaden zu St. Clou und zu Fontainebleau
herrscht, angebracht wird. Wenn indessen
hohe Springwasser beybehalten werden sollten,
so müßte doch das Grottenwerk von Muscheln
oder Seethieren in der Tiefe angelegt werden,
nicht der fluthenspeyende Wallfisch in der Höhe aufgestellt seyn, oder wohl gar auf einer
Ruhebank hingestreckt liegen, ein lächerlicher
Fehler, der manche Gärten verunstaltet;
auch dürfte das Wasser weder von menschli-
chen noch von thierischen Figuren, die natürlicher Weise kein Wasser geben, oder doch damit keine Verbindung haben, geworfen werden. So bekannt auch schon dem gemeinen
Menschenverstande diese Regeln vorkommen
müssen, so vielfältig sind doch die Vergehun-
gen wider sie. Der Garten der berühmten
Villa Estense bey Rom hat eine etliche hun-

dert Schritte lange Wasserallee, wo auf bei=
den Seiten mehr als dreyhundert Adler und
sogar Blumentöpfe Wasserstrahlen aussprützen.
So darf man auch nur in den Gärten zu
Versailles die Fontainen der Latone, des
Apolls, der Fama, der Ceres, des Bacchus
und der Flora sehen, um von dieser Seite
einen sehr elenden Geschmack zu bemerken,
den selbst alle Pracht nicht verbergen kann.
Was kann z. B. abgeschmackter seyn, als Lö=
wen und Rehe neben einander, jene in der
Raubbegierde, diese in der Flucht vorgestellt,
auf einmal wie durch ein Wunderwerk ver=
wandelt, Wasser emporwerfen zu lassen? We=
niger bedenklich hätte der scharfsinnige Ho=
me *) bey der Gewohnheit, Statüen von Fi=
schen zu Stützen für ein Wasserbecken zu brau=
chen, seyn dürfen; denn wenn auch der un=
bearbeitete Stein eine Stütze seyn kann, so
tritt doch gleich eine offenbare Unschicklichkeit
ein,

*) Grundsätze der Kritik. S. 367.

ein, so bald dieser Stein in die Gestalt eines
Fisches, der seiner Natur nach nicht stützen
kann, und durch den Anschein eines unver=
dienten Leidens eine unangenehme Empfin=
dung erregt, umgeformt wird. Wie sinnreich
der Franzose in solchen Verzierungen seyn kann,
lehrt die Fontaine der Pyramide in den Gär=
ten zu Versailles, wo gerade auf der obersten
Stufe vier Krebse zu Stützen angebracht wor=
den sind; nicht leicht wird man einen feinern
Einfall von dieser Art finden können. —
Und Seethiere in den Gärten? Diese Ver=
mengung dessen, was allein dem Meere zu=
gehört, mit dem, was dem Lande eigen ist,
scheint wenigstens sehr sonderbar; und war=
rum denn eben eine solche Vermengung in
den Gärten? Rinnt nicht schon ein klares
Gewässer von dem Abhang eines grünenden
Hügels anmuthig genug herunter? Wird es
reizender, wenn es von einem Seethiere,
dessen bloße Gestalt schon fürchterlich ist, oder
wenig=

wenigstens die fürchterliche Erinnerung an sei=
ne wilde Natur und an die Geschichte seiner
Feindseligkeiten gegen den Menschen erneuert,
emporgestürmt wird? Oder muß nicht vielmehr
der Anblick solcher Gegenstände dazu dienen,
die angenehme Bewegung zu stören, die ein
lebendiges sanftmurmelndes Wasser erweckt?
Können sich täuschende Eindrücke von dieser
Art mit der wahren Bestimmung der Gärten
vertragen? Und wenn auch der nachgebildete
Walfisch oder ein anderes Seethier in einem
weiten Wasserraum nicht unnatürlich scheinen
würde; ist er es denn noch in einem Bassin,
dessen kleiner Umfang von allen Seiten beu=
fert auf einmal in die Augen fällt, das von
hohen Laubeu und Hecken beschattet wird?
Weg mit den schrecklichen Seeungeheuern aus
den Gärten, auch wenn sie le Notre empfiehlt,
und Ludewig, der Große, sie billigt!

Wenn gleich Home die Labyrinthe und Irr=
gärten für ein bloßes Getändel erklärt, und sie

L   unter

unter den Werth der Räßel erniedrigen will, *)
so lassen sich doch Gründe nicht bloß zu ihrer
Duldung, sondern selbst zu ihrer Empfehlung
anführen. Er wirft ihnen vor, daß, wenn auch
die Gänge und Hecken angenehm seyn mögen,
diese doch in der Form eines Labyrinths zu
nichts dienen, als zu verwirren, und daß selbst
die Scharfsinnigkeit keine Hülfe geben kann,
den Ausgang eines Labyrinths aufzuspüren,
wie sie doch bey der Auflösung eines Räßels
für ein Verdienst gelten kann. Ohne zu un-
tersuchen, ob eben Scharfsinnigkeit erfordert
werde, den Ausgang des Irrgartens zu finden,
und ob die Uebung der Scharfsinnigkeit von
dieser Seite der einzige Zweck des Gartenkünstlers sey; so würde es allerdings für diesen zu
gemein seyn, wenn er blos und ohne eine weitere Absicht auf eine kleine Verlegenheit sähe,
worein er den Spazierenden zu setzen gedäch-
te. Eine widrige Verwirrung kann nicht die

Bestim-

*) S. 368.

Bestimmung der Irrgärten seyn; wohl aber
eine kurze Verwirrung, die, frey von der Befürchtung einiger Gefahr oder einer ewigen
Umherirrung, Beschäfftigung für die Seele
hat, die Erwartung anfeuert, sie bald mehr,
bald minder täuscht, und dadurch belebt, und
mit dem Vergnügen überrascht, den Ausgang
unvermuthet getroffen zu haben. Waldigte
und gebirgigte Gegenden haben ihre natürliche
Irrgärten; diese können daher nicht wider die
Natur seyn, vielweniger nach den brittischen
Grundsätzen der Gartenkunst. Aber ein Spielwerk würde es allerdings seyn, wenn man Irrgärten auf einem kleinen abgezirkelten Platz
anlegen wollte; sie gehören allein für Gärten
in einer ausgedehnten Gegend. Dabey scheint
es widersinnig, den Eingang des Irrgartens
durch ein Gitterwerk oder eine Statüe merklich zu machen; er muß etwas verborgen liegen, so daß man sich hinein verliert, ohne sich
dahin verlieren zu wollen, und gleichsam durch

seine

seine eigne Unachtsamkeit zu der angenehmen
Irre verführt wird; die vorlaufende Vorstellung des Herumirrens schwächt die Würkung
der Bewegungen, die in der Folge erweckt
werden sollen. Auch ist es nöthig, daß die
Gänge nicht zu eng, die Hecken nicht zu hoch
angelegt werden, weil sie sonst etwas trauriges und ängstliches einflößen würden. Noch
eine vorzügliche Verschönerung der Irrgärten
wäre es, wenn sie hin und wieder mit solchen
Scenen bereichert würden, die aufhalten,
zerstreuen, erfrischen, und der Unruhe und
Erwartung eine gewisse Milderung ertheilen,
etwa ein Rasensitz, ein kleiner rieselnder Bach,
eine Statüe der Liebesgöttinn in einer lieblichen Stellung. Eine durchgängige Leere
kann verdrüßlich machen; und die Hinstellung
fürchterlicher Statüen, zumal an Plätzen, wo
sie unvermuthet erblickt werden, scheint uns
durch den plötzlich erweckten Schreck, den die
Einsamkeit verstärkt, eine Art von Grausam-
keit

keit zu werden, die unsern Unwillen zu empö=
ren berechtigt ist.

In größern Gärten, die vom fließenden
Wasser durchschnitten werden, sind kleine Brü=
cken nicht allein zur Verbindung der getrenn=
ten Theile nöthig; sie können auch als Ver=
zierungen betrachtet werden, welche die Ab=
wechselung vermehren, und gute Prospekte bil=
den helfen. Sie müssen aber nur da angelegt
werden, wo entweder die Bequemlichkeit sie
erfordert, oder wo sie einen anmuthigen An=
blick geben können. Da sie in Gärten gemei=
niglich nur über kleine Gewässer hingehen, so
müssen sie, außer der nöthigen Festigkeit, eine
gewisse Leichtigkeit und Bescheidenheit haben,
und vertragen hier nicht den Pomp der
Schwibbogen und Säulenordnungen, noch die
Kunst der Sculpturverzierungen. Auch ein
Steg von einigen Bretern mit einer gemeinen
Lehne über einen Bach hingelegt wird an ei=
nem etwas nachläßigen und bebüschten Orte

schon

schon anmuthig genug seyn. Indessen kann auch oft der Charakter der Scene, zu welcher eine Brücke führt, entscheiden, ob diese ganz einfältig, oder etwas geschmückter mit einer gewissen Bedeutung vorbereiten soll. So wür= de z. B. zu einem schönen Lusthause eine artig angelegte Brücke, eine eingefallene steinerne zu Ruinen leiten. Wo mehrere Brücken angebracht werden, da muß man vornehmlich die Einför= migkeit ihres Ansehens zu vermeiden suchen.

Man machte, vornehmlich in den ältern Zeiten, von den Sinnbildern und Inschriften einen sonderbaren Gebrauch in den deutschen Gärten. Die äußern und innern Wände der Lusthäuser, und selbst die Außenseiten andrer Gegenstände bemalte man mit Bäumen, Blu= mentöpfen, Springwassern, Tänzen u. s. w. um durch diese Bilder eine Andeutung des Ver= gnügens zu geben; man setzte daneben eine Menge von elenden halb lateinischen, halb deutschen Versen, die oft so weit hergeholt und

/ so

so fremd waren, daß man sich verwundern mußte, wie sie an einen solchen Ort hinkommen
können. Dieser Geschmack verdiente desto mehr
Tadel, je mehr er das Nützliche der Inschriften
ganz verdrängte und sie von ihrer edlen Bestimmung herabsetzte, die sie bey den Alten hatten.
Mit einer gesundern Beurtheilung hat sie der
Britte in seine Parks eingeführt. Wenn gleich
Inschriften nicht nothwendig sind, indem die
Schönheiten eines Gartens sehr geringe oder
zweydeutig seyn müssen, wenn sie erst dadurch
unterstützt und aufgeklärt werden sollten; so
können sie doch auch in Gärten manche gute
Würkung auf die Einbildungskraft und auf das
Herz thun, sie mögen historisch oder moralisch
seyn, oder auf die besondere Annehmlichkeit des
Orts hinweisen. Vorausgesetzt, daß sie nicht
mühsam gesucht, sondern durch die Beschaffenheit der Scene selbst veranlaßt scheinen, einen
erheblichen Inhalt haben, mit der Kürze eine
Deutlichkeit verbinden, die keiner langen Nach-

forschung

forschung und Ueberlegung bedarf, keine zer=
streuende Nebenumstände bezeichnen, und sich
selbst im Ganzen unter einander nicht durch eine
Vermengung der Zeiten und der Länder wider=
sprechen; so müssen sie sich auch für den eigen=
thümlichen Charakter der Gegend schicken, und
seinen Einfluß durch die Zugesellung verwand=
ter Begriffe zu verstärken fähig seyn. Nach die=
sen Bemerkungen wird es hier billig der eigenen
Beurtheilung und der Erfindungskraft des Ken=
ners überlassen, welche Inschriften er für ein=
same, muntre, lieblichе, freye, ernsthafte Oer=
ter wählen und aus welcher Quelle er sie schö=
pfen will.

So mannigfaltige Anmerkungen auch hier
schon vorgetragen sind, so wird es doch leicht
wahrzunehmen seyn, daß diese Gegenstände noch
manche nähere Aufklärungen verdienen, und
darauf desto mehr Anspruch machen können,
da sie unter uns bisher noch fast ganz unbear=
beitet

beitet liegen. Man müßte zu einer weitern
glücklichen Untersuchung sich zuförderst von allen
Vorurtheilen für und gegen den Geschmack die=
ser oder jener Nation in der Gartenkunst sorg=
fältig befreyen, kaltblütig die Begriffe unter=
suchen, die man sich in verschiedenen Jahrhun=
derten von dieser Kunst gemacht hat, sie da
zur genauern Prüfung anhalten, wo sie zusam=
mentreffen, aber auch den Ursachen ihrer mehr
oder weniger bemerkbaren Abweichung nachspü=
ren, das aufsammlen, worüber man sich in den
aufgeklärtesten Zeiten vereinigt hat, mit Er=
wägung der kleinen Unterschiede, die hie und
da das Klima und der Nationalgeschmack ver=
anlaßt hat, und sich auf diesem Wege unter
beständiger Rücksicht auf die würkliche oder
mögliche Bestimmung eines Gartens zu den
wahren Grundsätzen hinarbeiten, auf welchen
eine sichere Theorie aufgeführt werden kann. —
Aber nicht viel weiter werden wir über den
Punkt, wo wir jetzt stehen, hinausrücken, so

lange

lange noch diese edle Kunst zu einem bloßen
Handwerk erniedrigt wird, so lange sie gemeinen Köpfen, die gewiß kein Recht auf den Na-
men der Gartenkünstler haben, allein überlassen wird, und so lange die Gärtner ohne die
nöthige Anweisung zur Bildung ihres Geschmacks und zur bessern Einsicht in das, was
sie seyn können, bleiben. Allein es ist auch
nicht das Werk der Schriftsteller, der Gartenkunst auf einmal die Verbesserung zu geben,
der sie bedarf. Es werden Männer von Einsicht und Vermögen erfordert, um ihre ge-
billigten Vorschläge auszuführen, und in der
Absicht den Gärtner durch mehr Unterricht
über das hinauszuheben, was ökonomische und
mechanische Gärtnerey ist, ihm die Scenen
anzuweisen, wo nicht blos die Hand, sondern
wo der Geist arbeiten muß, und ihm, wenn
er das nöthige Maaß des Genies und die
Hülfsmittel zur Erweiterung seiner Kennt-
nisse hat, ein edles begeisterndes Gefühl von

der

der Würde seiner Bestimmung einzuflößen.
Und da die Fürsten, die ohnedieß zur Verbesserung der Gartenkunst das erste gute Beyspiel geben sollten, (nicht blos, weil sie es
mehr können) oft Leute für einen weit geringern Zweck, und wohl ihre Köche auf ihre Kosten reisen lassen; sollte denn nicht ein junger
Gartenkünstler noch mehr einer ähnlichen Vor-
sorge für die Ausbildung seines Genies werth
seyn? Was Italien für den reisenden Maler
ist, das würde Engelland für den Gartenkünstler seyn.

Ueberhaupt verdient die Gartenkunst in ihrem weiten Umfange eine größere Aufmerksamkeit von den Vorstehern des Staats, da sie einen so wichtigen Einfluß auf das Vergnügen
und auf die Bildung der Bürger hat. In Gegenden, die wohl bebauet und mit anmuthigen
Gärten bepflanzt sind, wird man den Menschen
sich viel eher an die anständigen und stillern
Ergötzungen der Natur gewöhnen sehen, die

ihn

ihn allmählig die groben und, kostbaren Arten
von Zeitvertreiben verschmähen lehren; sein
Geist wird unter so vielen mächtigen Gegen=
ständen Heiterkeit und ein aufgewecktes Wesen,
seine Einbildungskraft einen Reichthum von
angenehmen Bildern, seine Gefühle werden
mehr Verfeinerung und Reizbarkeit annehmen;
er wird seine ganze Natur belebter und stärker
fühlen, sich in allen ihren schönen Fähigkei=
ten geschwinder und glücklicher zu entwickeln.
Auch wird er nicht unterlassen, den guten Ge=
schmack, den er in allen Gegenständen um sich
her erblickt, auf sein Eigenthum hinzutragen,
und indem er sein Land mehr ins Schöne zu
bebauen sucht, ihm zugleich mehr Fruchtbar=
keit und Nutzbarkeit mitzutheilen. Man hat
in Engelland die Erfahrung, daß mit dem Ge=
schmack an den Parks sich zugleich die Liebe
der Landöconomie gehoben hat; und wie na=
türlich war es nicht, daß dieses geschah? Wie
viele herrliche Pflanzungen von ganzen Hainen,

wie

wie viele angelegte Seen und geleitete Flüsse
zur Wässerung und zum Vergnügen, bear=
beitete Berge und Hügel und Felder in die=
sem Lande! Und wie geschäfftig ist nicht noch
der große unternehmende Geist dieser Nation,
ganze ausgestreckte Landschaften ins Schöne
und zugleich ins Nützliche zu verarbeiten!
Die Anlegung mehrer Gärten in einem bessern
Geschmack, als der bey uns bisher gewöhnli=
che ist, auch wenn sie im Anfange auf öffent=
liche Kosten geschehen sollte, kann daher kein
unerheblicher Vorwurf einer gesunden Staats=
kunst seyn.

Da überaus viel daran gelegen ist, unter
was für Umständen die erste Bildung des Men=
schen angefangen wird, und von welcher Be=
schaffenheit die Dinge sind, die ihn umgeben;
so fällt es leicht in die Augen, daß man für
die Erziehung der Jugend noch einen wichti=
gen Vortheil von den Gärten ziehen kann, und
daß es eine Pflicht wird, diesen Vortheil nicht

gänzlich

gänzlich zu übersehen. Wenn es vielleicht man=
che Schwierigkeiten haben mag, die Oerter, wo
schon Gymnasien und Akademien sind, mit rei=
chen Gärten zu umschmücken, zumal da man bey
der ersten Anlage wohl selten darauf Rücksicht
genommen hat; so wird es doch nicht unbillig
scheinen, wenn man verlangt, daß solche Oer=
ter wenigstens das Lob verdienen sollten:

Geschmack, nicht Pracht herrscht hier; und jeder
Schritt entzückt,
Obgleich die schlaue Kunst sich nur bescheiden
schmückt,

daß das Schmutzige, Rauhe und Harte sorg=
fältig verdrängt, und die Gegend umher we=
nigstens so weit verschönert werde, daß sie den
jungen Seelen ein Gefühl der Reinlichkeit,
der Harmonie, und der Annehmlichkeit einzu=
flößen fähig sey. Die Eindrücke davon sind
desto wichtiger, je lebhafter sie sind, und je
mehr sie sich über das ganze Leben ausbreiten.
Sehr geschickt ist die Gartenkunst, die hohen
Absichten

Abſichten einiger ihrer Geſchwiſter, der übrigen ſchönen Künſte, zu unterſtützen. Und wie anſtändig würden nicht ihre Bemühungen zur Verſchönerung eines Orts ſeyn, wo die Muſen, wenn auch nicht mehr in Tempeln, doch in Hütten, nicht weniger ehrwürdig wohnen?

Inhalt.